互联网营销蓝皮书

中国互联网广告发展报告 2019

CHINA INTERNET ADVERTISING
DEVELOPMENT REPORT 2019

主　编：陈　永
副主编：邓庆旭　谭北平　郑子斌
执行主编：姚　林　刘　佳

中国市场出版社
China Market Press
·北京·

图书在版编目（CIP）数据

中国互联网广告发展报告. 2019 / 陈永主编. — 北京：中国市场出版社，2019.12
（互联网营销蓝皮书 / 陈永主编）
ISBN 978-7-5092-1902-7

Ⅰ. ①中… Ⅱ. ①陈… Ⅲ. ①网络广告–研究报告–中国–2019 Ⅳ. ①F713.852

中国版本图书馆 CIP 数据核字（2019）第 277377 号

中国互联网广告发展报告（2019）

ZHONGGUO HULIANWANG GUANGGAO FAZHAN BAOGAO（2019）

| 主　　编：陈　永 |
| 责任编辑：宋　涛（zhixuanjingpin@163.com） |
| 出版发行：中国市场出版社 |
| 社　　址：北京市西城区月坛北小街 2 号院 3 号楼（100837） |
| 电　　话：（010）68034118/68021338/68022950/68020336 |
| 经　　销：新华书店 |
| 印　　刷：河北鑫兆源印刷有限公司 |
| 开　　本：170mm×240mm　1/16 |
| 印　　张：13.25　　　　　　　字　　数：190 千字 |
| 版　　次：2019 年 12 月第 1 版　印　　次：2019 年 12 月第 1 次印刷 |
| 书　　号：ISBN 978-7-5092-1902-7 |
| 定　　价：68.00 元 |

版权所有　侵权必究　　　印装差错　负责调换

出品人

中关村互动营销实验室（IMZ）

研究合作机构

北京百度网讯科技有限公司

新浪网技术（中国）有限公司

秒针系统

普华永道

《中国互联网广告发展报告（2019）》

编 委 会

编委会主任

喻国明　丁俊杰　崔保国

编委会副主任

陈红兵　董朝晖

编委/研究员

佘贤君　王建梁　熊若愚　雷　蕾　关　玥

周佩莲　周崧弢　张　明　刘新新　陈翔宇

翟旭瑾　张佰明　王　芸　刘　虎　李　婷

苏昊辰　裴跃赏　李炎哲　钟文希

▶ 代序 ◀

5G 时代传播领域的关键词

喻国明[1]

技术革命带来了时代的大变局，这一"千年未遇之大变局"也同样映射到包括广告在内的传播领域。本书第一次对于互联网广告的方法进行了梳理，层出不穷的技术革新、光怪陆离的传播形态，一时间令我们焦虑和难措手足。中国有句话云："提领而顿，百毛皆顺"，意思是要善于抓住关键。那么关键有哪些呢？我认为，我们特别需要关注的关键词是：媒介转型、"互联网+"、大数据、人工智能、算法、5G、视频时代等。其中尤以5G为重中之重。让我们试着来做一点必要的解读，以此为广告界的同行认识现实、把握未来提供一些可资依循的线索。

一、人工智能的勃兴与传媒业的转型

人工智能是对人的意识、思维的信息过程的模拟，人工智能不是

---

[1] 喻国明：教育部长江学者特聘教授、北京师范大学新闻传播学院执行院长、中国新闻史学会传媒经济与管理专业委员会会长。

人的智能，但能像人那样思考，也可超过人的智能。是研究并用于模拟、延伸和扩展人的智能的理论、方法、技术及其应用系统的一门新的技术科学。

从特点上看，人工智能采用大样本计算支撑，在算法上使用了深度学习方法，通过深度神经网络，模拟人脑的机制来学习、判断和决策。作为一个凝结人类智慧的"容器"，人工智能的研究过程非常困难，其未来的发展也不可预测。对于新闻业而言，人工智能的强势崛起，给其带来最显著的变化，即是国际上各大新闻媒体所经历的一场"量化转型"。数据新闻、机器人新闻不断进入日常的新闻报道领域，对新闻的时效性与客观性，以及新闻专业主义的价值观均带来了极大的冲击。那么，对人工智能重构新闻业的影响关注点主要存在于哪些方面呢？

首先，"人工智能+传媒"的确会带来一些新的优势和特点：

1. **内容生产**

海量、高效、全天候。以腾讯公司的人工智能机器人 DreamWriter 为例，其"财经+科技应用"的发稿量每天超过2000篇，体育发稿量每天500篇，包括每天行情报盘、上市公司公告精要报道，以及体育赛事每轮每场的消息。在财经新闻、体育新闻等数字新闻领域，机器新闻写作早已锋芒毕露，极大提升了新闻工作的效率。

2. **反应迅捷**

突发事件的秒级出稿速度。在突发事件的报道中，人工智能下的机器新闻写作正在扮演着越来越重要的"守望者"角色。2017年8月8日21时19分，四川九寨沟县发生7.0级地震，21时37分15秒，中国地震台网机器人自动编写稿件，25 秒出稿 540 字并配发 4 张图片，内容包括速报参数、震中地形、热力人口、周边村镇、周边县区、历史地震、震中简介、震中天气八大项；今日头条的 xiaomingbot 对体育赛事报道的出稿速度几乎与电视直播同步。这种秒级的出稿速度，都可以说是秒杀人类。

3. 内容分发

激活长尾与利基市场。机器新闻写作能够以用户偏好来制作相关的新闻内容，而且还能提供与用户个人生活场景相匹配的私人定制产品。不仅能够形成一种产品，还能够在合适的地点、合适的场景用合适的形式分发给用户。另一方面，用户画像也将促进媒体对自己用户的了解，使媒体的运营更加个性化、精细化。有效地占领传统媒介市场无法激活的长尾市场和利基市场，为新的盈利模式提供技术支撑，这是传统内容分发方式所无法实现的。

4. 信息采集

传感器新闻拓宽感官视域。在新华社最新发布的人工智能平台"媒体大脑"的介绍中，载有这样的文字：通过摄像头、传感器、无人机、行车记录仪等智能采集设备，结合新闻发生地附近的多维数据，自动检测新闻事件，自动生成数据新闻和富媒体资讯内容。让摄像头以及各种传感器成为记者的眼睛，在突发事件和重大事件的捕捉和生成上，快人一步、自动生成。实际上，这是传感器新闻与人工智能的结合。可以说，传感器新闻会增加新闻的细腻度，提供更多角度的信息解读。人工智能给新闻业带来的好的影响有目共睹，但任何事物都有互为相反的一面，其不利的一面也应当值得人们警醒。

其次，关于人工智能对新闻业带来的部分不利影响及相应的措施可以简单总结如下：人工智能虽然很超能，但并非万能。机器新闻写作需要大量的数据作为支撑，但社会生活中有很多东西是无法被数据化的。即便是有这样的数据，也需要专业的人工挖掘和努力寻找，而涉及社会问题的价值判断也令机器很难染指。虽说人机协同是未来媒体生产、分发的主流模式，但说到底，人还是机器的主宰。在人工智能环境下，对于新闻业，人类与机器合作才更有美好的未来，人类永远是新闻业务关键环节中的核心。人工智能对新闻业产生积极影响的同时，又出现新挑战、新问题，但是只要处理方法得当，技术会朝着更好的方向发展，更好地为人类所用。引用苹果公司CEO库克在乌镇中国互联网大会上所说的一句话："很多人都在谈AI，我并不担心机器人会像人一样思考，我担心的是人像机器一样思考！"这句堪称振聋发聩的警世格言非常值得正在"人工智能+"媒体领域行进中的人们好好记取。

二、算法即权力

正如麦克卢汉所言，"在任何情况中，10%的事件引起了90%的事件，我们忽略了那个10%，却被那90%震惊"，关乎数据处理的技术问题并未获得学界足够的重视。应该指出，人工智能技术的本质是算法，而算法的社会本质则是一种权力。例如，定位于"基于数据挖掘技术的个性化推荐引擎产品"的今日头条公司，其核心是一套由代码搭建而成的算法，现已成为今天中国最大的资讯分发商。同样，

Facebook 是全球最大的社交媒体平台，它也早已"行动"在使用机器算法的路上。不管是算法对于新闻业的重塑，还是算法对于各行各业的跨界整合，无一不使人思考：技术不仅能够赋能与赋权，而且它自身就构成一种权力的行使和对于传统权力模式的替代。详见下图所示。

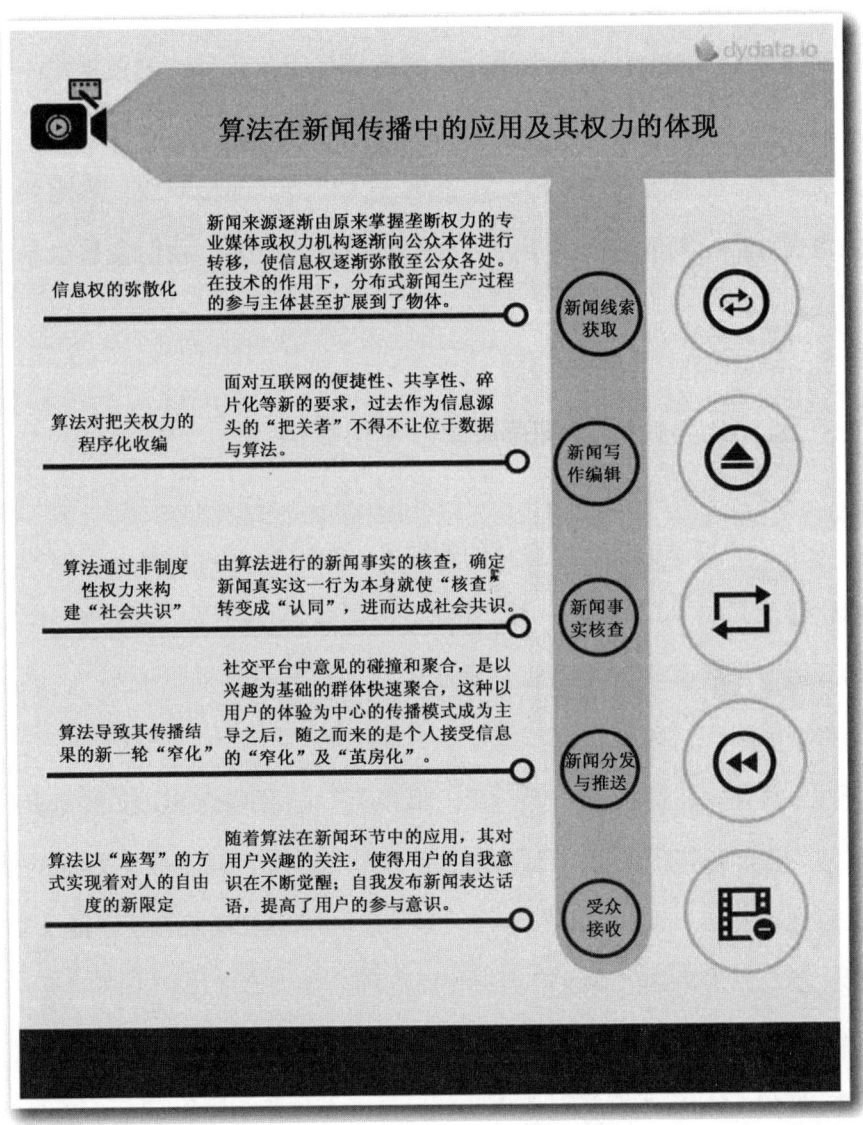

从算法在新闻传播全环节中的应用我们便可以窥见其权力的体现：虽然算法本身并不具有社会权力，但它在实际上仍代表的是政治利益或商业利益，它在技术无意识的层面上运作，并且渗透到我们的日常生活中。而用户在满足于个性化推荐的同时，很大程度上意识不到自己正处于商业利益的监控之下。因此，在充分享受算法为用户带来全新阅读体验的同时，也要警惕算法的运作黑箱与背后的利益操纵——算法作为一种新技术究竟给予了用户多大的权力，同时又在多大程度上使其处于全景监视中。总之，在未来人机博弈的传媒业，人需要更好地提升自己驾驭机器的能力，否则，或许有一天，我们会被机器所驾驭。

三、5G 与传播领域的革命与学科重构

5G，一项具有革命性意义的新技术。2019 年 6 月 6 日，工业和信息化部正式向中国电信、中国移动、中国联通、中国广电发放 5G 商用牌照，批准四家企业经营"第五代数字蜂窝移动通信业务"。这标志着中国将正式跨入"5G 时代"。5G 的特点可以用"两高两低"来概括：高速率、高容量、低时延、低能耗。按照华为 5G 技术专家的说法，在 5G 网络之下，它可以连接 5 亿个场景、50 亿个人和 500 亿个数据传感器。这就意味着，无论是来自环境还是我们的可穿戴设备，都会参与到未来的内容生产当中，而这种内容生产所呈现出来的类别、价值以及它对社会、商业和人际关系的影响，是极其丰富和深刻的。

那么，5G 技术究竟对传播学和新闻业有何影响呢？

1. 视频表达成主流

相对来说，书写文字是比较单纯的，含义干净整洁，没有太多杂音或附加成分，适合于表达事实性的、逻辑性的、理性的东西。但是 5G 所带来的视频凸起，势必会使社会表达中的核心表达、关键性交流都被视频语言所取代。随着 5G 的崛起，中长视频必然强势登场，成为社会性表达的中心和主流。这是一种社会主流表达形式的巨变。这一巨变它意味着社会传播的效果进入到一个"看脸"的时代。

2. "场景"成为价值变现的范畴

随着 5G 时代的来临，5G 的高速率、低时延等技术的强大支持势必使 VR/AR/MR 复苏与崛起。有了 5G 的技术支持和 VR/AR/MR 对于场景的虚拟建构后，我们就可以"创造"这些节点，"设计"这些作为信息交汇的节点的"场景"。通过构建这些"场景"，吸引具有特定"趣缘"的人们在特定的场景中汇聚，形成价值变现的平台。

3. 电信传播学呼之欲出

很显然，5G 不是一项"弯道超车"的技术，而是一项"换道行驶"的技术。在 5G 技术的革命性改变之下，传播学的边界得到了极大的拓张，传播学的学科体系从来没有像今天一样面临着扩容、重构的革命性任务。而这其中，首当其冲的是，必须认识到技术逻辑对于传播学学科体系构建的基础性结构作用。这便是建设"电信传播学"的缘由与依据。

以 5G 为代表的通信技术的基础性改变，对于传播领域和传播学科而言是一项从内到外的深刻的革命性改变。能否过好 5G 这一关，将是决定传播学科在未来社会发展中能否成为时代发展主导者的关键。由此给广告业带来的变化更是远超人们的认知，技术正在把互联网广告推向"按需分配"。对此，传播学领域的研究者和实践者、广告经营者都肩负着文明发展的重要使命与担当。

目录

2018 中国互联网广告发展报告

开 篇　2018 中国互联网广告的运行轨迹 / 3

第一节　概述 / 4

第二节　中国与世界互联网广告 10 年回顾 / 5

一、2018 年互联网广告收入前十大国家 / 5

二、2009—2018 年美国及中国互联网广告行业增长对比分析 / 6

三、展望 2023，全球和中国互联网广告收入对比及预测 / 7

四、展望 2023，互联网广告细分市场发展趋势 / 8

五、移动视频广告，快速增长的新市场 / 9

第三节　中国互联网广告行业数据统计与分析（2018 年度）/ 11

一、2018 年中国互联网广告收入总体情况 / 11

二、2018 年中国互联网广告收入结构分析 / 12

三、2018 年中国互联网广告收入 TOP 10 企业 / 13

四、2018 年中国互联网广告收入的集中化趋势分析 / 14

五、2018年主要行业互联网广告收入品类占比分析 / 15

第四节 中国互联网广告市场发展关键词 / 16

一、2018互联网广告总体规模达3694亿，持续快速增长 / 16

二、移动端广告收入占比继续加大，广告结构更加优化 / 16

三、互联网监管进一步深化，数据安全性和结构合理性
　　得到加强 / 17

四、互联网广告新生力量迅速崛起，分食BAT的份额 / 17

五、互联网广告的下沉，迅速拉升了三四线消费市场 / 18

六、互联网新技术的深耕，促使信息流等广告类型迅速崛起 / 18

七、食品母婴类广告仍然占据半壁江山 / 18

八、IPv6已部署，5G牌照已发布 / 19

第五节 技术进步是互联网广告市场快速发展的核心推动力 / 19

一、新兴技术层出不穷，推动互联网广告市场持续发展 / 19

二、技术推动媒体产品形态变化，内容信息流化、
　　视频化、交互性增强 / 21

三、互联网新技术的深耕，促使信息流广告迅速崛起 / 22

四、今日头条、小米、美团等新生力量成为技术推动者 / 22

**第六节 中小企业营销诉求是互联网广告市场快速
　　　　发展的市场推动力 / 23**

一、DSP平台是中小企业投放互联网广告的主要平台 / 23

二、网红经济为互联网广告营销带来新的增长点 / 24

互联网广告技术驱动力

一、开篇：技术成就互联网广告，溢出到营销全领域 / 27

二、精准投放是互联网广告核心技术能力的体现 / 31

三、技术不断拓展广告服务范围 / 36

四、互联网广告数据的技术反哺 / 41

五、智能技术兴起，改造整体广告产业 / 44

六、互联网广告技术展望 / 49

2018年中国互联网广告行业政策法规

一、《网络安全法》实施一周年 / 59

二、全面整治互联网广告行业市场环境 / 60

三、欧盟 GDPR 解读 / 65

第四章

互联网广告发展现状分析

综　述　透过"现象"看技术重构广告业态 / 69

　　一、拼多多现象:"鲶鱼"搅动市场格局 / 71

　　二、抖音现象:新技术瓦解旧格局 / 73

　　三、小程序现象:小宇宙爆掀"去中心化"浪潮 / 74

　　四、"KOL、红人"现象:个体爆发出社交流量节点的能量 / 76

　　小结 / 77

第一节　电商广告 / 78

　　一、综述:电商营销日益成熟带动电商广告迅猛增长 / 78

　　二、传统电商版图 / 80

　　三、前后两阶段各有侧重的竞争关系 / 86

　　四、电商新市场 / 88

第二节　搜索广告 / 94

　　一、综述:搜索市场的去垄断化与 AI 化 / 94

　　二、PC 端搜索:市场格局板结,活力减弱 / 97

　　三、移动搜索:巨头主导市场,语音成为最大变量 / 101

第三节　社交广告 / 107

　　一、综述:社交关系链驱动下的广告格局 / 107

二、旧格局扫描：稳步发展的传统社交平台 / 109

三、新兴挑战者：风头强劲，势头逼人 / 111

四、社交广告发展态势分析 / 114

第四节 视频广告 / 120

一、综述：平台与流量主同步成长 / 120

二、网络视频平台的基本格局 / 126

三、长视频经营现状 / 130

四、短视频竞争格局 / 134

五、KOL、红人激活视频流量 / 138

第五节 信息流广告 / 142

一、综述：巨头入局，市场规模可观 / 142

二、市场竞争态势 / 145

三、行业监管日趋严格 / 152

第五章

全球营销趋势展望

一、全球经济增长趋缓波及全球广告市场 / 157

二、互联网企业的广告支出增长持续强劲 / 158

三、流媒体服务赶超传统线性电视 / 160

四、社交媒介于娱乐中见营销 / 162

五、DTC 新贵崛起，倒逼传统品牌创意升级 / 164

六、营销全球一体化，结构重组带来效率提升 / 166

七、电商迎来"临界点" / 168

八、语音智能即将成为下一个风口 / 170

九、关注 Z 世代（泛指"95 后"） / 172

十、GDPR 震动广告行业 / 174

互联网广告市场的展望

一、开篇：互联网广告市场看中国 / 179

二、宏观环境推动中国互联网广告市场快速发展 / 180

三、互联网广告产业部的自我驱动：技术力、小微经济 / 187

四、互联网广告市场发展路径的共识 / 189

第一章

2018 中国互联网广告发展报告

开 篇 2018 中国互联网广告的运行轨迹

2018 年对于中国互联网广告行业来说，是让人深刻印象的一年。

在宏观经济结构调整与流量红利结束的双重影响下，互联网广告行业仍然保持着平稳增长的态势：2018 年我国互联网广告总收入达到 3694 亿元人民币，较上年增长 24.2%；占 GDP 比重约为 4.2‰，较 2017 年上升 0.6‰。这充分显示互联网数字营销在技术创新与营销技术下渗上所取得的突破性成果，证实了互联网创新营销正在为宏观经济结构调整注入新的活力。

中关村互动营销实验室在其发布的《2018 中国互联网广告发展报告》（以下简称报告）中披露，以今日头条、小米、美团为代表的新生力量，已成为拉升互联网广告持续增长的新动能，由此进一步推升了互联网广告的集中度：2018 年收入前十的互联网平台占据了全行业 92.67% 市场份额；流量向移动端转移仍在加剧，移动端广告收入占比较上年上升 6 个百分点，增加至 68%。

报告还显示，随着企业对高品质流量和数字品牌价值的追逐，越发愿意把钱投资在规模化营销解决方案上。因此，应用平台就成了最主流的广告渠道入口；电商与搜索类型收入占比超过 50%；展示、电商与搜索类型收入占比超过 80%。

另据报告显示，快消、食品饮料仍然是网络广告投放最主要的品

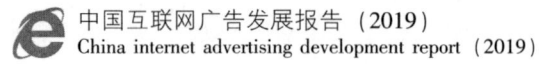

类,占比之和达到49.31%。交通、网络通信及房地产类紧随其后,分别占据了三、四、五的位置,这充分体现出消费升级及新零售环境下的时代特点;医药保健品类是唯一呈负增长的品类。

从报告可见,随着《中华人民共和国网络安全法》(以下简称《网络安全法》)及欧盟《通用数据保护条例》(GDPR)的实施,网络数据安全防范已引起全行业的高度重视和共识;"限娱令"的出台则对新兴内容提出了更高的要求。互联网监管政策的深化和落实,不仅对规范和净化整个互联网广告市场发挥了重要作用,也引发了互联网经营结构的较大调整。

第一节 概 述

《中国互联网广告发展报告》由中关村互动营销实验室(以下简称实验室)主持,普华永道[1]执行,秒针、百度公司等提供数据与观点支持,融合了各研究对象财报数据与行业第三方观测数据,采用了多方数据相互校验等独创的数据模型分析方法。此研究报告是实验室对中国互联网广告行业十几年统计研究经验累积的成果,充分考虑了我国互联网特点,参考了国际通行的数据分类标准,不仅涵盖了历史数据的梳理和统计,也包含对于未来趋势的分析和展望,是指导和判断行业发展趋势的重要依据。

---

[1] 普华永道系指普华永道网络及/或普华永道网络中各自独立的成员机构。本文仅为提供一般性信息之目的,不应用于替代专业咨询者提供的咨询意见。

第二节 中国与世界互联网广告10年回顾

一、2018年互联网广告收入前十大国家

普华永道对全球互联网广告市场规模及变化进行了超过10年的持续追踪,数据显示,截至2018年末,美国互联网广告市场仍是全球最庞大的单一市场,其总规模约为1075亿美元,比排名第二的中国互联网广告市场大了近一倍(567亿美元)。如图1-1所示。

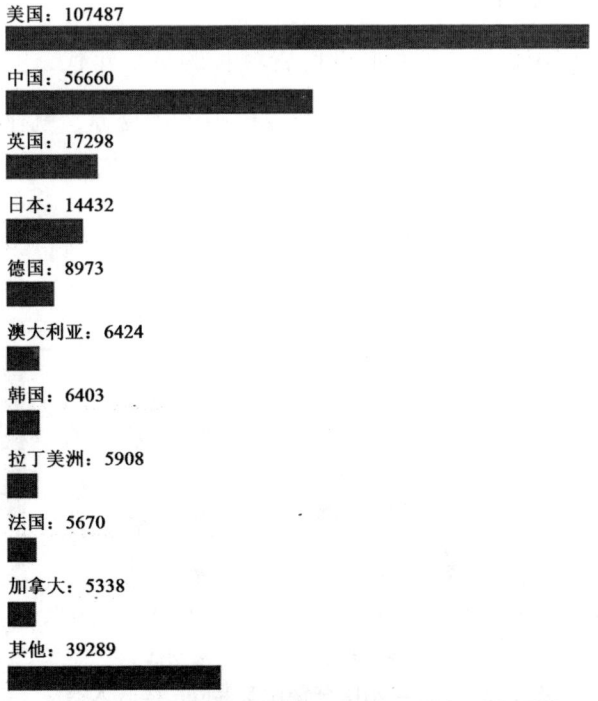

图1-1 2018年互联网广告收入前十大国家(百万美元)

资料来源:普华永道全球娱乐及媒体行业展望2019—2023,www.pwc.com/outlook。

二、2009—2018 年美国及中国互联网广告行业增长对比分析

· 2009 年美国互联网广告市场总额为 227 亿美元，而当时中国互联网广告市场总额为 16.7 亿美元（约 108.7 亿元人民币），规模仅为美国同时期的 7.4%；

· 10 年之后，2018 年美国互联网广告市场总额为 1075 亿美元，而中国互联网广告市场总额为 535 亿美元（约 3694 亿元人民币），规模为美国同时期的 49.8%；

· 10 年之间，美国互联网广告市场增长 4.7 倍，而中国互联网广告市场增长了惊人的 34 倍；

· 2009—2012 是两国互联网广告增长的黄金年代，究其原因，是由于市场从 2007 年开始的全球经济危机中逐步复苏，就业及消费快速增长，同时 4G 等技术的普及带来无线互联网市场的爆发。

2009—2018 年美国与中国互联网广告收入情况详见图 1-2、图 1-3。

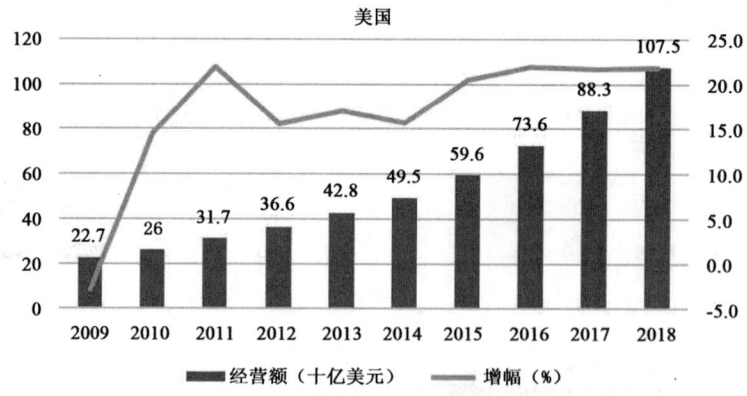

图 1-2　2009—2018 年美国互联网广告收入情况

数据来源：PwC, *Full Year 2018 IAB Internet Advertising Revenue Report*。

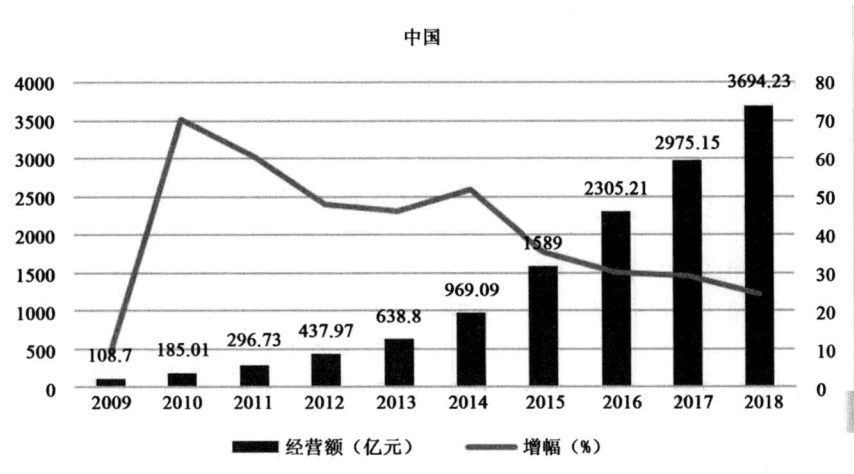

图 1-3　2009—2018 年中国互联网广告收入情况。

数据来源：中关村互动营销实验室

三、展望 2023，全球和中国互联网广告收入对比及预测

媒体平台及广告商对网络宣传的重视程度逐渐加强，在此背景下，网络广告业维持了高速的发展（见图 1-4）。

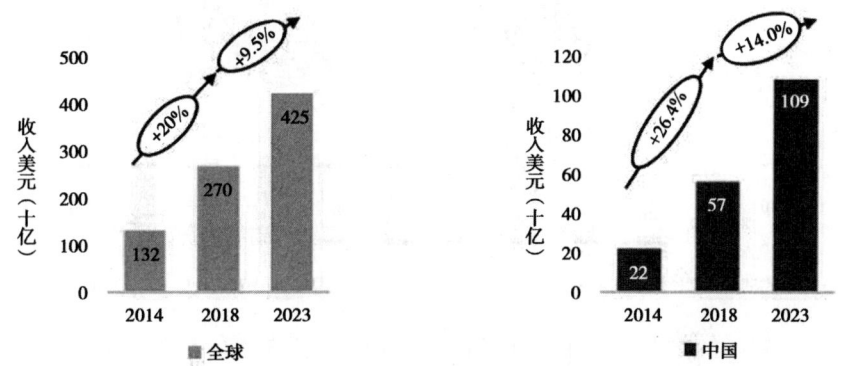

图 1-4　2014—2023 年全球和中国网络广告收入对比及预测

资料来源：普华永道全球娱乐及媒体行业展望 2019—2023，www.pwc.com/outlook。

- 不断增长的智能手机普及率促使移动端广告业的高速发展,并在 2018 年实现了对有线显示广告的超越;
- 众多新型连接设备的出现,已经悄然改变了消费者与数字媒体服务和内容之间的关系;
- 中国网络广告的增长率为全球第四,略低于印度尼西亚、菲律宾和越南;
- 因为视频广告的价格高于其他类型的广告产品,所以,近年来社交媒体平台继续加大对视频的关注。

四、展望 2023,互联网广告细分市场发展趋势

尽管全球网络广告业总体增长仍在持续,但有线显示广告增长速率将逐渐减缓,尤其在成熟市场中这一趋势更加明显(见图 1-5)。

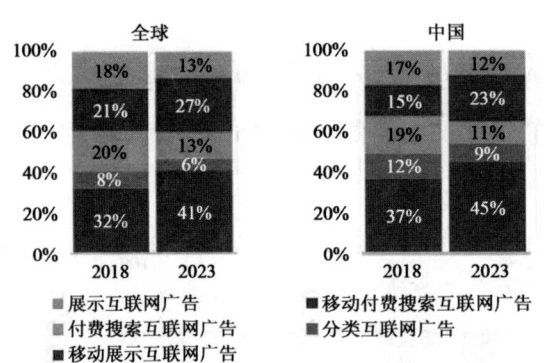

图 1-5 2018 年与 2023 年全球和中国细分市场情况对比

资料来源:普华永道全球娱乐及媒体行业展望 2019—2023,www.pwc.com/outlook。

- 中国的增长将由移动广告支出推动,其收入份额将从 2018 年的 52% 增至 2023 年的 68%;
- 中国移动展示网络广告细分市场增长最快,复合年增长率达到

24.2%，超过21.2%的全球增长率；

·中国老年人对智能手机的使用也在增加，微信和糖豆等平台满足了老年人的需求，让有类似兴趣的人走到一起，完成在线支付或安排聚会。

五、移动视频广告，快速增长的新市场

1. 全球移动视频网络广告

消费趋势持续从数字媒体转向移动媒体具有里程碑意义。这一发展趋势影响到整个市场，同时也改变了互联网广告的投放景观。

普华永道《2019—2023年全球娱乐及媒体行业展望》报告显示，2018年，移动互联网广告收入超出有线显示广告。

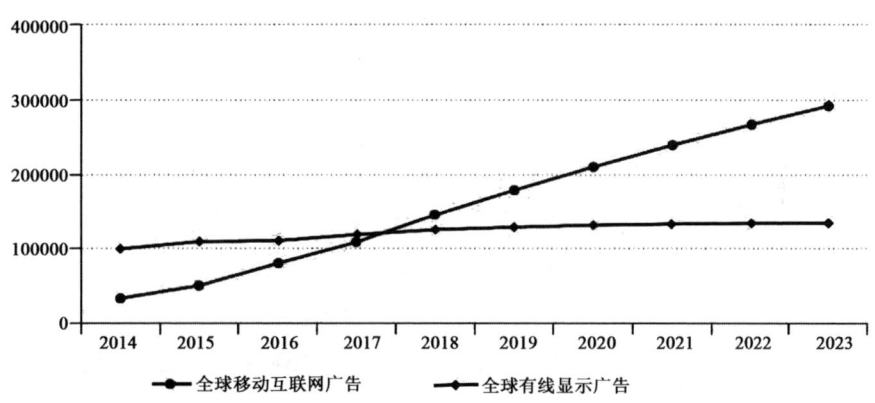

图1-6　全球移动互联网广告和有线显示广告收入（百万美元）

资料来源：Global Entertainment & Media Outlook 2019—2023，PwC. Ovum。

原因在于：

·移动端的用户更倾向于在应用而非浏览器上花时间。这种改变为特定形式的移动付费搜索广告的发展带来全新商机。

·新型联网设备，比如搭载数字助手的智能音箱与智能电视，正

在改变人们消费数字媒介内容与服务的方式，为数字广告竞争领域开启新篇章。

·消费者隐私顾虑连同广告主对品牌安全的担忧，这两股力量共同影响市场主导力量，为潜在的竞争对手打开大门，同时推进数字媒介与广告技术的深度整合。

·部分细分市场的表现要优于其他市场，比如有线市场的付费搜索、展示与视频业务的发展明显不及移动市场的相关类别。

2. 中国移动视频网络广告

中国市场与全球相似，中国的移动视频网络广告收入将在 2021 年首超显示互联网广告，而全球拐点在 2018 年出现（见图 1-7）。

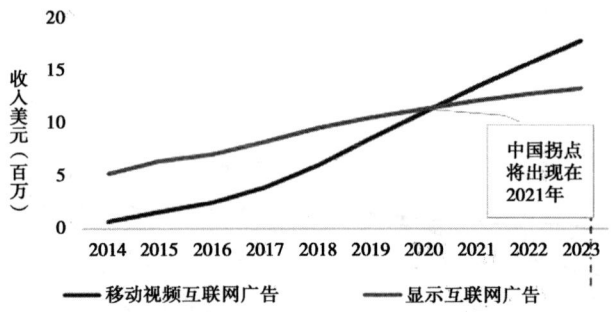

图 1-7 2014—2023 年中国移动网络视频广告与有线显示广告总量对比

资料来源：普华永道全球娱乐及媒体行业展望 2019—2023，www.pwc.com/outlook。

·视频将成为移动显示组合中越来越重要的一部分，缘于移动社交平台对视频的持续关注，转向发布方在移动网站和应用程序上的视频广告，高速且可靠度更高的移动连接有效推动移动视频的消费；

·从 2018 年开始，包括抖音、美拍、快手和全民 K 歌在内的大量专注于短视频内容的应用应运而生；

·营销人员越来越多地使用这种形式的内容作为广告媒介,反映了民众生活方式的转变。

第三节 中国互联网广告行业数据统计与分析(2018年度)

一、2018年中国互联网广告收入总体情况

2018年全国互联网广告总收入约3694亿元,年增长率为24.2%,较上年下降约5.76个百分点;占GDP比重约为4.2‰,较上年上升0.6‰。

从终端收入结构看,移动端收入占比进一步增大至68%,较上年上升6个百分点。详见图1-8。

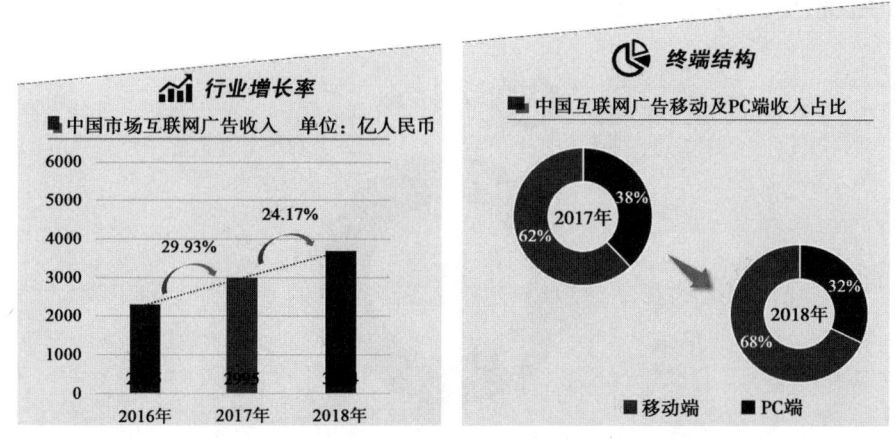

图1-8 2018年中国互联网广告收入及移动与PC端收入占比

数据来源:中关村互动营销实验室。

二、2018年中国互联网广告收入结构分析

从媒体平台类型看,电商与搜索平台收入占比合计超过50%,仍为最主流的广告渠道(见图1-9)。

图1-9　2018年中国互联网广告收入媒体平台类型分析

从广告形式看,展示、电商与搜索收入合计占比超过80%,为最主流的广告形式(见图1-10)。

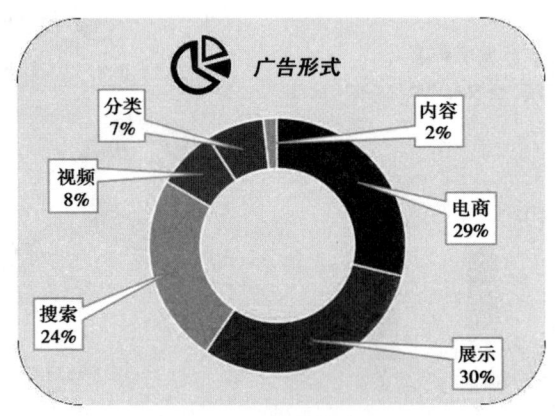

图1-10　2018年中国互联网广告收入广告形式分析

从计价方式看,效果类广告收入占比最高,达到64.9%(见图1-11)。

图 1-11 2018 年中国互联网广告收入计价方式分析

数据来源：中关村互动营销实验室。

三、2018 年中国互联网广告收入 TOP 10 企业

2018 年中国互联网广告收入 TOP 10 企业见图 1-12 所示。

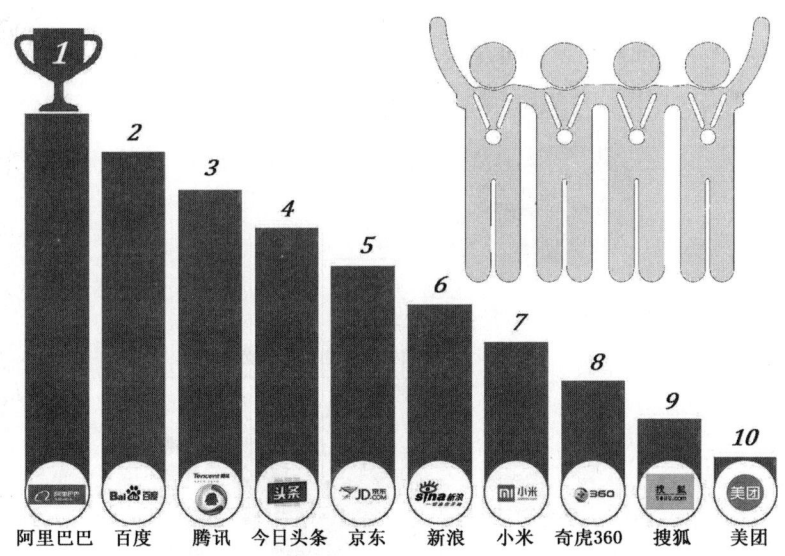

图 1-12 2018 年中国互联网广告收入 TOP 10 企业

数据来源：中关村互动营销实验室。

四、2018年中国互联网广告收入的集中化趋势分析

总的来说，2018年全年互联网广告规模接近3700亿元大关，但由于切换新的经济增长引擎与去杠杆周期的影响，市场整体增长率较上年放缓至24.17%。

2018年，BAT三家占互联网广告收入的69%，相较于2017年的集中化程度继续下降。与我们之前估计的情况一致，今日头条、小米、美团等企业的强劲增长，正逐渐蚕食BAT的市场份额。

相较2017年，市场前十的行业集中度正在上升，由2017年的90.92%上升至2018年的92.67%，主要是由于传统巨头继续保持高速增长（例如BAT）与新巨头的迅速崛起（例如今日头条与小米）。详见图1-13。

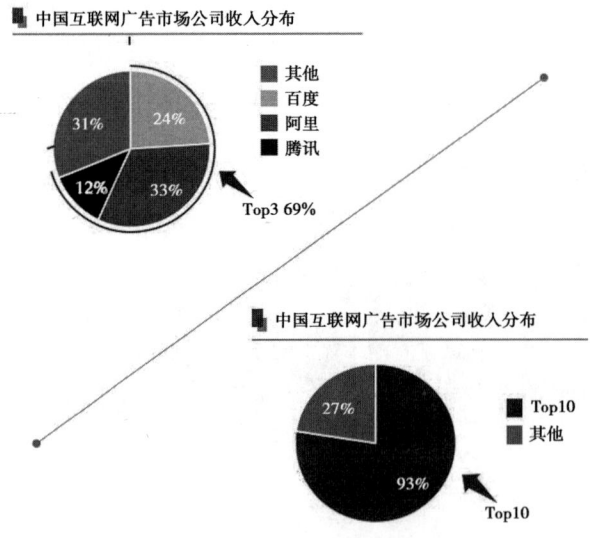

图1-13　2018年中国互联网广告市场公司收入分布

数据来源：中关村互动营销实验室。

五、2018 年主要行业互联网广告收入品类占比分析

食品饮料品类占据互联网广告收入品类的头把交椅，个护及母婴品类排在第二，这两项总计占比达到 49.31%，占据互联网广告收入的近半壁江山。

交通、网络通信及房地产三大品类分列 2～5 位，收入占比均超过 6%，较 2017 年收入增幅也均超过 15%，为互联网广告收入的传统大品类。

数码电子产品、金融保险、零售物流品类收入增幅均超过 20%，收入占比分列 6～8 位。

医药保健品类呈现负增长，2018 年较 2017 年下降 23.66%，占比降至 2.69%。

2018 年主要行业互联网广告收入品类占比分析如图 1-14 所示。

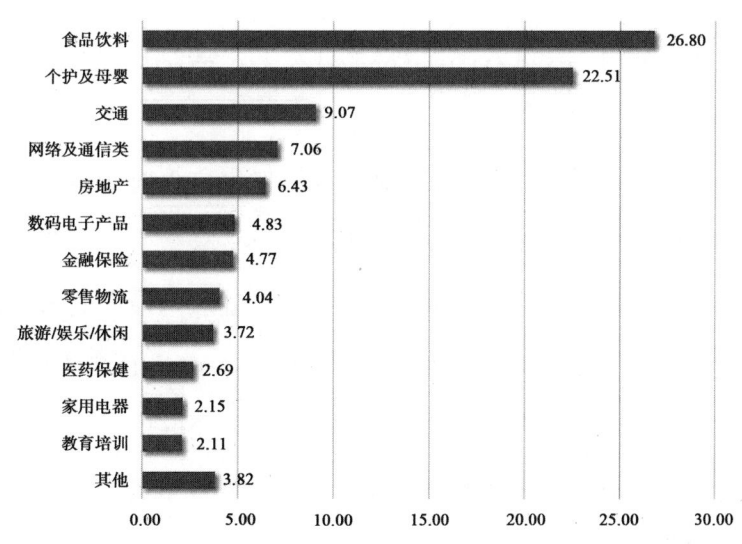

图 1-14　2018 年主要行业互联网广告收入品类占比（%）

数据来源：中关村互动营销实验室。

第四节 中国互联网广告市场发展关键词

一、2018互联网广告总体规模达3694亿元，持续快速增长

2018年互联网广告总收入3694亿元，年增长率为24.2%，保持了较快的增长速度。由于中国宏观经济结构调整与去杠杆周期的影响，加之流量红利结束，互联网广告市场整体增长较上年减缓了5.76个百分点，占GDP比重约为4.2‰，较上年上升0.6‰。

二、移动端广告收入占比继续加大，广告结构更加优化

由于移动端接入流量的大幅度提高，互联网广告向移动端倾斜更加明显，移动端广告收入占比进一步增大至68%，较上年上升6个百分点；从媒体及平台类型看，应用型平台成为互联网最主流的广告渠道，其中，电商与搜索类型收入占比之和超过50%；从广告形式看，展示、电商与搜索收入合计占比超0%，为最主流的广告形式；从计价方式看，效果类广告迅速增长成为最主流的广告形式，广告收入占比达到64.9%。

三、互联网监管进一步深化，数据安全性和结构合理性得到加强

技术创新已经成为数字营销市场发展的重要驱动力，大数据、LBS 等技术的应用，拉近了广告与用户的距离，提升了广告投放效率，但也让数据安全变得更加岌岌可危。加强网络安全防范成为全球共同关注的重点，随着我国《网络安全法》及欧盟《通用数据保护条例》（GDPR）的实施，网络数据安全的重要性提升至新高度，"限娱令"的出台则对新兴内容提出了更高的要求，监管政策直接决定着视频时代头部公司的结构与生存。加强自律，维护良好的互联网广告市场环境，是每个互联网经营者的责任。

四、互联网广告新生力量迅速崛起，分食 BAT 的份额

以今日头条、小米、美团为代表的新生力量的迅速崛起，拉动了互联网广告的持续增长。他们依靠创新的业务模式、产品及技术优势，为互联网广告增长植入了新动力。新生力量的崛起使互联网广告市场的竞争更加激烈，也促使头部媒体和平台的市场集中度更高，广告经营额前十的互联网公司占比由 2017 年的 90.92% 上升至 2018 年的 92.67%；BAT 三家占互联网广告收入的 69%，相较于 2017 年的集中化程度下降 2%。

五、互联网广告的下沉，迅速拉升了三四线消费市场

消费市场的下沉引发了各大互联网平台对渠道下沉的思考。今日头条、美团、拼多多为互联网广告的精准地域投放和消费下沉提供了平台和渠道，从而强劲拉动了三四线消费市场的崛起。三四线城市的本地广告主营销预算也大幅向互联网媒体转移。

六、互联网新技术的深耕，促使信息流等广告类型迅速崛起

基于对存量市场的深耕挖掘，移动互联网时代已进入了新的阶段。近年兴起的信息流广告已经成为新闻类、资讯类、社交类、视频类等媒体平台最主要的广告形式。基于大数据以及人工智能技术的应用，信息流广告可以通过技术算法自动为用户推荐信息，使广告投放更加精准地瞄准目标客户，广告主的媒体预算向信息流广告的迁移在加快。

七、食品母婴类广告仍然占据半壁江山

快消品仍然是互联网广告投放最主要的品类。食品饮料品类广告收入稳坐广告品类的头把交椅，个护及母婴品类位居第二，这两项之和依然占比达到49.31%；交通、网络通信及房地产类分列3～5位，收入占比均超过6%，较上年收入增幅均超过15%；数码电子产品、金融保险、零售物流类收入增幅均超过20%，分列6～8位；医药保

健品类呈现负增长，占比降至 2.69%。排在前十位的品类占据了广告收入的 91.92%。

八、IPv6 已部署，5G 牌照已发布

按照国家《推进互联网协议第六版（IPv6）规模部署行动计划》的指引，2018 年底各大商业网站及应用已完成 IPv6 部署，并实现了 IPv6 与 IPv4 系统的兼容使用。国内首个 IPv4 与 IPv6 商用地理信息标准库已投入使用。这不仅可以满足我国互联网快速发展的需要，而且从根本上解决了 IPv4 网络地址逐渐枯竭的窘境，更为 5G 的实施铺平了道路。

第五节　技术进步是互联网广告市场快速发展的核心推动力

一、新兴技术层出不穷，推动互联网广告市场持续发展

（一）人工智能

作为正在探索期的底层技术，AI 在人机交互以及广告投放的整个环节都能产生巨大作用。一方面，人工智能在提升广告分发效率的同

时，还能矫正推荐算法在用户需求分析上的偏差，使用户突破"信息茧房"。另一方面，人工智能可以进一步优化用户体验，使得信息的获取更加智能和人性化。

在海量数据的驱动下，以及随着互联网商业迷宫日益纷繁复杂，AI正保持积极健康的发展势头。

AI技术有助于广告主充分利用数据，实现高匹配度的广告投放，比如，进一步满足消费者的个性化需求。如此一来，每笔广告投入也有望带来更加可观的收入。

这项技术的发展与普及对于直面消费者的DTC品牌意义重大。因为这类企业长远发展的决定性因素在于，能否以合理成本挖掘消费者。

总之，我们希望大数据与AI技术的深度融合能将数字广告领域的创新推向新高度。

(二) 区块链

区块链是基于去中心化的底层数据技术，拥有去中心化、信息不可修改、开放性、自治性等特点，可以有效保证广告投放的数据的真实性，降低广告监测成本。

"区块链技术"依旧是数字广告领域的流行词。尽管数字记账与智能合约可以发挥重要作用，但是这项技术在数字广告领域尚处于发展初期。

从长远来看，区块链有实力为数字广告领域带来众多商机。发行商与广告主在不断探索，如何利用这类技术提高数字广告营销的效率。

(三) 5G

在5G加持下，VR、全息影像有望成为现实，媒体行业将受益巨大。

不久的将来,数据处理与交易速度会比现在快很多。过去一年里,美国各地企业做足准备,力求以最好的姿态迎接 5G 的到来。

5G 技术有助于广告主提高运营效益、优化加载速度,促进定位技术与程序化技术的发展,同时有利于创新广告形式的开发。

这些都意味着,消费者的移动视频体验可以得到全面改善。

(四) AR/VR

AR 和 VR 已经初步进入应用阶段,在技术的快速驱动下,现有平台之外的新兴媒体平台应运而生。

为适应全新的"客户优先"竞争环境,品牌可以动用互联网电视、播客、虚拟现实以及增强现实这类创新渠道来加深自身与消费者之间的联系。

电子商务催生的数字广告收入,包括直面消费者品牌经济的出现,已经成为现阶段互联网广告市场发展的主要动力。

二、技术推动媒体产品形态变化,内容信息流化、视频化、交互性增强

在技术的推动下,已经全面进入移动媒体时代,内容分发、展现形式和广告形式均发生巨大变化。

(1) 媒体内容的信息流化:基于用户偏好和海量内容进行匹配,不断刷新的信息流内容成为主流;

（2）媒体内容的视频化：各大资讯媒体在产品功能上纷纷加入视频、短视频、直播功能，进一步丰富产品形态；

（3）媒体功能上的社交化：强化产品的社交属性，增强用户使用黏性。

三、互联网新技术的深耕，促使信息流广告迅速崛起

基于对存量市场的深耕挖掘，移动互联网时代已进入了新的阶段。近年兴起的信息流广告已经成为新闻类、资讯类、社交类、视频类等媒体平台最主要的广告形式。基于大数据以及人工智能技术的应用，信息流广告可以通过技术算法自动为用户推荐信息，使广告投放更加精准地瞄准目标客户，广告主的媒体预算向信息流广告的迁移在加快。

预计未来信息流广告市场规模将持续增长，到 2020 年预计达到 2211 亿元的市场规模。

四、今日头条、小米、美团等新生力量成为技术推动者

互联网广告新生力量迅速崛起，分食 BAT 的份额。以今日头条、小米、美团为代表的新生力量的迅速崛起，拉动了互联网广告的持续增长。他们依靠创新的业务模式、产品及技术优势，为互联网广告增长植入了新动力。

新生力量的崛起使互联网广告市场的竞争更加激烈，也促使头部媒体和平台的市场集中度更高，广告经营额前十的互联网公司占比由 2017 年

的90.92%上升至2018年的92.67%；BAT三家占互联网广告收入的69%，相较于2017年的集中化程度下降2%。

第六节　中小企业营销诉求是互联网广告市场快速发展的市场推动力

一、DSP平台是中小企业投放互联网广告的主要平台

DSP是一个技术化的平台，且是需求方平台的代表。DSP广告平台通过对广告需求方和资源方进行资源整合，基于海量的数据库资源，根据用户的画像和消费习惯对用户人群进行分类。广告主代理商在DSP推广产品时，首先对目标客户的目标人群进行定位分析，然后从数据库中调取精准的用户需求进行广告投放，以实现对广告主代理商的精准化服务，最大限度地发挥广告的作用。

由于DSP平台通常有非常好的用户体验，很适合广告主自助操作，大大降低了广告主投放互联网广告的门槛，对于中小企业而言，能够跨过广告媒介公司直接在一些大网络媒体上投放广告。

随着DSP广告的动向不断获得关注，其整体规模也在不断增加。据统计，我国DSP广告市场规模由2012年的7.7亿元上升至2017年的349.7亿元，实现了大幅增长，年均复合增长率超过200%，可见现阶段广告市场对用户的精准化锁定的需求不断提升。

二、网红经济为互联网广告营销带来新的增长点

2018 年,粉丝规模在 10 万人以上的网络红人数量持续增长,较上年增长 51%。其中粉丝规模超过 100 万人的头部网红增长达到了 23%。

在网红人数与粉丝规模持续双增长的加持下,网红经济市场规模以及变现能力也随之增强;网红人数和粉丝规模的双增长亦为其产业链的发展及完善提供了强大的动力。

(1) 网红领域占比分析多种多样,传统网红领域依旧占据主导位置。伴随着网红数量的大幅增加,其涉及的领域也在不断扩大,从早期的娱乐内容作品创作以及美妆到接下来的知识科普、信息分享,再到现在的美食、财经等亟待挖掘的新兴垂直领域,都在不断发展成为孕育新生代网红的土壤。

传统的文娱领域依旧占据网红所在领域的主导位置。在排名靠前的领域内,泛娱乐类领域数量最多,达到了 5 个,且排名均靠前,总占比也达到了 29.7%。

(2) 直播从多方面带来新收入渠道。

(3) 网红电商交易规模持续扩大,前景良好。随着网红经济产业的不断发展完善,各式变现方式也层出不穷,而电商作为传统变现手段之一,在 2017 年的表现仍旧十分亮眼。据统计,截至 2018 年 4 月,网红电商 GMV 年度增长量高达 62%。在各细分领域之中,服饰类作为龙头,其 GMV 占总规模超过 70%。

第二章
互联网广告技术驱动力

第二章 互联网广告技术驱动力

一、开篇：技术成就互联网广告，溢出到营销全领域

（一）技术是互联网广告有别于其他类型广告的特征和优势

不同于传统媒体的单向传播、中心化传播、固定式内容、展示功能为主的广告，互联网世界中的广告，传播是双向的、去中心化、非固定式的可定制化内容，可互动反馈的传播模式，这些优势使其正成为广告市场的新增长动力。而支持这些特征优势的背后，则是互联网广告独有的技术驱动力。

1994年10月14日是网络广告史上的里程碑，美国著名 *Hotwired* 杂志推出网络版，并首次在网站上推出网络广告，这立即吸引了AT&T等14个客户在其主页上发布广告，10月27日当一个468×60的Banner广告出现在页面上时，标志着网络广告的正式诞生。更值得一提的是，当时的网络广告点击率高达40%。这种广告引发了一系列连锁反应，既改变了广告业，也改变了网络技术产业。1995年雅虎宣布，在雅虎网站的顶端每天滚动播出五则广告。两年后，这种广告越来越多，吸引众多广告商将目光从电视、户外等传播阵地转向网络，伴随着互联网广告商业化发展的巨大成功，企业也用资金反哺了大量互联网技术公司的诞生和发展，使技术得以更成熟地应用于网络营销领域中。

互联网广告作为"可寻址"的广告的出现，第一次让广告告别了"一对多的单向广播"模式，找到可以与不同的目标受众进行不同的沟通的"精准模式"。在此模式的基础上，互联网广告与传统意义媒体广告形成了本质的差异和区隔。

（二）技术推动互联网广告向更高效、更广泛发展

精准投放是驱动互联网广告产业发展的核心技术之一，也是互联网广告高速增长的有力武器。精准投放2008年在美国首先发展起来，之后发展范围迅速拓展到全世界。互联网广告要达到精准投放的效果，需要收集、分析互联网用户的信息，建立良好的数据流的获取、循环和应用的生态循环。

互联网广告精准投放需要通过包括物联网、屏幕技术、智能硬件、虚拟现实等智能化、个性化的体验技术，在电子商务、网络视频、搜索引擎、社交媒体、官方媒体、数字户外广告等所涉及的数据管理平台上进行程序化投放。广告主通过程序化算法计算广告内容的受欢迎程度，形成有针对性的内容资源采购解决方案。根据采购方案，内容管理平台凭借程序化创意算法[1]持续进行广告投放优化，动态创意优化，最后根据营销后链路数据，广告主再深度学习，投放优化持续迭代而回馈到用户。

通过勾勒用户与广告主之间数据流与广告流的循环过程，一种是用户方面川流不息的数据流，另一种则是积极响应的广告行动决策，

---

［1］主要包括：用户多元效果指标算法（计算机视觉、传感器技术等），根据广告监测大数据反馈，区块链技术下的反作弊算法，触点归因算法，跨屏频控算法。

当然现实情境可能远远不止所描绘的这些，广告操作根据用户端不断反馈回来的属性数据、行为数据，在多元算法与机器学习的基础上，得以不断地调整、优化、再调整。挑动广大受众的参与热情，提升客户品牌的网络体验。

这一技术过程，不但提升了广告传播的效率，更创造迅猛增长的营销价值，成就互联网时代的伟大品牌。同时，精准技术也使营销从品牌和广告传播拓展到了服务、销售等领域，特别是在餐饮、生活服务等行业中，广告与服务、广告与营销、广告与客户体验已通过技术成为密不可分的整体。

（三）技术从互联网领域溢出，逐渐渗透到广告产业全链条以及营销全领域

技术在改变互联网广告的同时，拓展广告的边际到服务、销售、用户体验等，同时也开始渗透到营销全领域中、传播渠道上，从电脑PC端拓展到手机，到户外，到智能电视。传播内容上，从广告展示拓展到内容生产、创意生产环节。可以说，技术不只是互联网广告的驱动力，更是全域营销的驱动力。

为了更全面地揭示互联网广告技术的全貌，我们绘制了一份《互联网广告的关键技术图》，见图2-1所示。

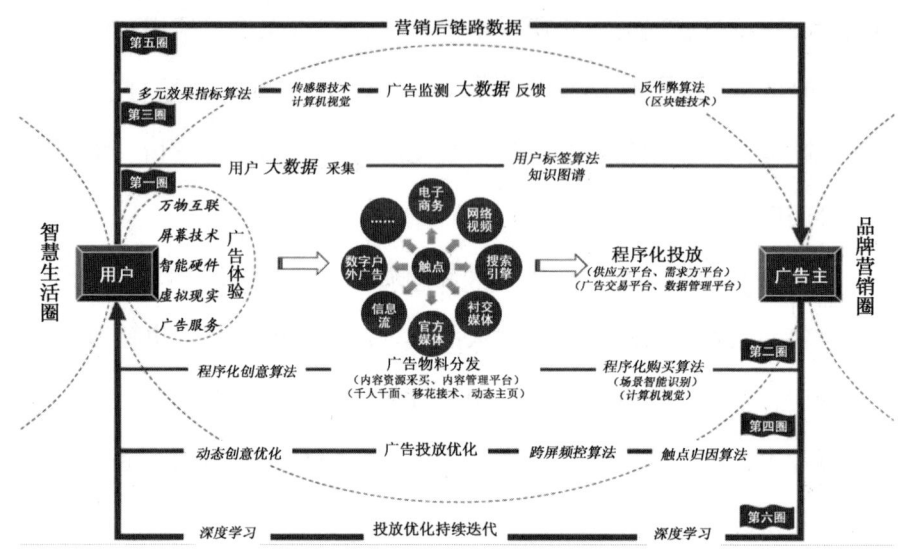

图 2-1 互联网广告的关键技术图

其中：

（1）三大主体：用户、触点与广告主。为了简化技术图，我们提炼了三大核心主体，互联网广告的服务提供商与技术提供商等其他市场参与主体并没有明显标记，但其提供的核心技术与服务在图中均有显示。

（2）三大圈子：互联网广告圈并非独立存在，而是与用户的智慧生活圈、广告主的品牌营销圈交织在一起，彼此之间交互影响。用户、现金、广告、数据、商品、服务、场景等元素在三大圈子中流通。

（3）广告体验：互联网广告技术对于用户来说，最直接的影响就是创新用户在广告接收过程中的体验，不断探索"更好的广告体验"。它可以是沉浸式的深度体验，也可以是灵敏机智的人机交互；它可以让你时刻互联，甚至模糊现实与虚拟的边界，也可以降低自身的干扰属性，通过洞悉需求提供有价值的广告服务。

（4）广告循环：互联网广告技术打造了周而复始、循环不已的广告流程圈。我们通过"六个圈"勾勒用户与广告主之间数据流与广告流的循环过程（奇数圈表示的是川流不息的数据流，而偶数圈反映的是积极响应的广告行动决策）。当然，现实情境可能远远不止这六个圈。广告操作根据用户端不断反馈回来的属性数据、行为数据，在多元算法与机器学习的基础上，得以不断地调整、优化。最开始的广告活动就像是按下了"启动键"，在一轮轮的广告循环之后，广告行为逐渐获得了智识。

二、精准投放是互联网广告核心技术能力的体现

（一）技术使互联网广告通过精准，更加高效

在大数据时代背景下，以数据挖掘精确识别用户，逐步培养市场营销对大数据应用的习惯，细分用户需求，推送差异化业务，实现精细化营销，已成为决定企业数字化竞争成败的关键。互联网广告领域通过技术所能获取的数据规模更大，且广告计算对实时性、准确性、反馈及迭代等要求更高。如程序化投放一般要求系统拥有毫秒级的反应速度，否则就会影响用户的媒介体验与广告接收。

大数据环境下，互联网广告能够实现目标消费者和消费场景的精准定位。这些精准对传统互联网广告以及整个广告业都有一种理念颠覆，即：互联网广告的运作应从"以媒体为中心"转向"以消费者为中心"，从"创意驱动"转向"技术、创意共同驱动"。

（1）人群智能画像：对品牌的受众特性进行多维度分析，帮助定义核心人群、优化针对品牌受众的策略。

（2）媒介多维画像：智能推荐与核心人群匹配的媒体，呈现媒体多维画像，为创新的媒介策划提供有力支持。

（3）智能素材管理：在全网高效识别同一用户，实现跨媒体的曝光频次控制、不同时段投放不同素材，帮助品牌完成广告的故事性投放，逐步加深消费者品牌印象。

（4）动态优化投放：基于人群画像，对受众进行多维判定，根据不同受众对广告素材的行为反馈对投放的素材进行调整。可以根据触达及后续的更多行为特征进行优化。

（5）营销活动全链路衡量：帮品牌清晰地展现从广告曝光到用户兴趣在各个环节的表达，衡量营销活动对客户的真实影响。

（6）跨媒链路流转分析：洞察传播链路中不同媒体表现的差别，分析不同媒体的特点，为以后的媒介策略优化积累经验。

（二）媒体精准技术和产品，体现其在营销效率能力上的领先性

Unidesk 是阿里巴巴集团旗下大数据营销平台"阿里妈妈"推出的一款"品牌数字营销"的全域媒介工作台，致力于为品牌解决数字营销投放及策略的全链路营销解决方案。通过 UniDesk，品牌可以将阿里巴巴的数据技术能力与自身的营销创造力结合，将营销活动中的受众互动数据积累成为数据资产，全面、实时地了解目标受众群体。品牌可以最智能化地覆盖受众，创建更多创新营销方案，激发广告的最大影响力。阿里妈妈的全域营销体系，能够帮助品牌实现"全链

路""全媒体""全数据""全渠道"的营销。通过数据资产累计,将品牌营销活动中的受众互动数据回流到数据银行,积累成为品牌自己的数据资产,帮助品牌实现营销和用户运营的再优化。引入阿里大数据的多维数据源并利用数据闭环能力,帮助品牌全面、实时地了解受众群体以及他们的后链路行为,了解广告曝光。

全域营销的初心是全数据、全渠道、全触点、全链路。

一方面,全域营销帮助品牌解决的核心痛点:

首先是消费渠道碎片化、消费者信息触达通道碎片化、消费者体验碎片化。其次是将进行关联性和持续性,如何在对的场景用对的信息跟对的人进行有效沟通。最后是投入产出的衡量,包括品牌建设的效果应该如何正确地衡量。

另一方面,全域营销诊断洞察和应用:

(1) 诊断显性化:通过全域营销旗下的核心概念"消费者资产",品牌可以对自身的健康度进行诊断,通过与消费者资产相关的三个因子分析,即消费者 AIPL 总量、消费者关系转化力、消费者品类购买力,来发掘品牌增长的机会点。

(2) 洞察丰富化:从商品、内容、渠道和品牌情感等多维度解析品牌消费者从 AIPL 转化的 triggerand barrier(驱动力和障碍),从而找到品牌增长的路径。

(3) 应用多元化:全域营销的应用覆盖并适用于品牌营销的全部链条,包含新品研发及上市、全媒体触达、会员粉丝个性化运营、内容营销和全渠道运营等。

腾讯广点通系统是通过对 QQ、微信用户所产生的数据进行深入分析,为广告主提供众多的标签类目,以在广告投放中精确锁定目标人群。值得一提的是,跨屏定向基于微信、QQ两大账号体系及其关联,可以识别使用不同设备上网的同一用户。在广告投放中,这一能力可以帮助实现对人群覆盖和触达频次的有效控制,既可以抓住对高价值受众的每一次触达机会,又可以减少因不必要的重复触达所带来的预算浪费。同时,不断精进的人群拓展和智能出价等技术,也将助力广告主持续提升投放效率与跨屏用户识别效果。

一般来说,当广告经费小于一定数量级的时候,精准投放的效率是远远低于传统营销。当企业的广告投放金额小于一定规模的时候,搭建数据中台,实现更高水平的精准广告,其收益是低于成本的。某教育培训机构之前的广告投放是CPM模式,点击成本(CPC)为2~3块钱,平均1000次曝光中,大概有5次点击,点击转化率为0.5%,效率很低。广告主需要支付15块钱的广告费用。在搭建数据中台之后,广告效率更高,大概10次曝光中就有5次点击,广告传播的点击转化率为50%,效率提升了100倍。而在叠加了数据成本与技术成本之后,这家机构发现CPC的成本涨到了500块,是原本的200多倍。

精准营销技术固然可以提升广告的效率,实现品牌与对产品有需求、有兴趣的一小拨消费者进行直接的对话,但是找到这一小拨消费者需要支付一定的成本,而且可能筛选的技术与数据成本很大,甚至超出了节省的广告费用。由此可见,不同行业、不同规模的广告主不应对精准营销抱有执念,而应该试着去平衡精准营销的收益提升与成本提升之间的相互作用,为企业的广告投放寻找最合适的策略。

对于企业而言，流量交易的成本越来越高，精准营销的成本也在不断攀升，但是数据与技术能力的建构价值，并不仅仅体现在单次的广告投放上，而应该注意到技术与数据的能力将是企业的核心竞争力，依靠数据与技术改造企业的流程与内部组织架构，企业将获得更强的生命力，而这也会是企业未来的组织形态。

(三) **市场数据博弈：品牌拓展数据池与媒体数据围墙同时存在**

数字时代，越来越多的企业意识到数据的重要性。2018年，一些与数据治理相关的术语 DMP、CDP、CEM、Data Lake 成为广告行业热议的话题，数据中台（data lake）更是成为一些大中型广告主在数字营销领域的升级配置。不同行业的企业在拓展第一方数据收集与管理能力，以及对数据的收集与利用状况有很大的差异，但共同的趋势是，所有营销的企业都已意识到数据的重要性并在为营销智能、营销数字化而努力。

与此同时，商业利益和竞争环境却正在促使媒体高筑数据围墙。"数据资产"领域中，实力最为雄厚的市场主体当属互联网媒体平台，他们掌握着绝大多数用户在互联网世界的活动数据。

互联网媒体巨头皆意识到数据资产的重要性，希望能够"将数据圈起来"仅供自己使用。目前，大数据领域存在的最大问题是各个互联网媒体平台掌握了用户很多碎片化的部分数据，但是平台的开放程度不高，数据的融合度不够，严重影响了数据资产的价值。媒体应广告主需求谨慎地开放广告监测数据，在广告效果监测方面，监测数据的详细程度受制于媒体对于自身数据的开放程度。媒体会根据广告主的投放规模与对效果监测的严格程度而谨慎地开放自己的数据权限

（见图2-2）。

图2-2 媒体开放数据的不同程度

三、技术不断拓展广告服务范围

（一）技术链接全域：程序化逻辑应用于更多传统媒体中

程序化逻辑不仅在互联网原生媒体上进一步强化，而且也将蔓延到更多的传统媒体，例如广播电视、户外媒体的广告资源。传统媒体的"数字化""互联网化""程序化"也将引领互联网广告行业的新一轮增长。公共电子屏的日益普及促使户外广告程序购买走上正轨。谷歌自2015年开始就对户外程序化展开测试，目前正在进军德国户外广告程序化购买市场，接下来计划向美国与英国拓展，广告主可以远程线上购买户外广告资源。消费者在日趋数字化、互动化的户外广告中获得乐趣，同时也乐意贡献自己的位置数据。定位追踪、数据优化、人脸识别、深度学习、增强现实等广告技术均被应用于数字户外广告的创新。

"AR+AI"技术正在改变数字户外模式，新的户外媒体经过数字化、电子化、网络化、屏幕化的改造，加上对有效空间环境的理解加深，越来越多地加入"时间"的概念。此外，为了让户外媒体真正"动"起来，几乎所有的主流户外新媒体机构都在尝试运用各种各样的技术手段进行互动传播。

随着5G时代的到来，数字化户外迎来新的发展机遇，5G技术推动着传媒业的发展，不管是对于广告主还是媒体主。

一方面，传输速度的提升改变了数字户外的营销方式。5G比4G网络的传输速度快数百倍，数字化户外媒体可以展现超高清逼真的广告影像，提升用户观感。另一方面，5G技术将推动以秒为单位的流媒体视频售卖方式，并加速数字化户外程序化广告拍卖的浪潮。数字化户外直播广告虽然在4G时代就已实现，但是5G的到来将把直播广告再向前推进一个层面，直播广告将会更加普遍并受追捧，成本也会更低。5G技术发展的同时将催化出超前的智能化广告技术，即"AR+AI"的智能场景化体验的商用化。在此之前，户外广告信息基本上都是静态、平面的形态。这一次，我们可以使产品广告变立体，365°全方位展示在消费者面前。

当你在午间跟同事出去吃饭，从进电梯那一刻起就可以点击查看要去附近的哪一家店，立体的环境在你眼前展开，然后点开店里的菜单，每一道立体的菜显示在你眼前，出了电梯之后你根据自己的喜好下好了单，走到店里便可以直接用餐。而对于品牌商、广告人来说，如何运用好新技术使产品或服务"活起来",则是新的一轮挑战。

(二)技术实现广告与内容的深度结合

程序化的触角不仅延伸到了更多的媒介形态,而且渗透到内容的更深层。未来精准营销、千人千面的理念将会在更多领域贯彻下去。即便是与内容情节高度纠缠、不可更改的广告在未来也有望突破固定化的束缚,寻求更加灵活的植入与展现,探索更多创意性的广告植入,探索更多领域的精准性与灵活性的投放。

广告植入是内容制作前先商谈好的合作,结合品牌方的需求,在相应的情节植入产品或品牌。这种植入方式具有明显的排他性,确定了一家品牌,其他品牌可能就很难合作了。在这种植入模式下,所有受众观看同一条品牌植入的广告。然而,这一广告植入的固定模式也被技术打破。优酷2017年与英国广告公司MirriAd合作推出"移花接木"的广告植入形式。它通过数字插入或影像叠加,将品牌形象嵌入优酷上播放的节目。当视频画面为一个户外的场景,场景中的广告牌可以在制作后期不断地被更换,甚至可以根据不同的用户更换不同的广告牌。男性在视频中看到的植入广告是运动品牌,而女性在视频中同一位置看到的可能是美妆品牌。程序化不仅仅限于我们传统理解的广告范围,未来将会有更多的程序化触点,如微信、朋友圈推送、微博推送等个性化的触点,都在通过程序化、智能化的应用推动广告投放、广告创意的灵活化与智能化。

程序化逻辑纳入对媒介场景的智能化识别。以前广告内容植入媒介内容的具体工作是由人工识别标记,比如播到第几分钟时,可能会出现什么样的场景，在这一场景下应该投放什么样的广告。现在这一工作逐渐交由机器来识别、判断与匹配。这一技术能够实现广告投放的精细度，视频网站的创意中插形式与边看边买形式便是这一技术的应用。例如，当视频网站的某一热播剧剧情中，主人公正在饮茶，计算机能够迅速识别这一场景，并将其与广告类型进行匹配，很有可能右下角蹦出茶叶广告。又如，剧情出现女主角的穿戴样式或者使用物品，旁边就会跳出女主角同款的衣服、帽子、手包、首饰或者其他物品的广告，供消费者边观看边购买。不仅如此，场景的智能识别还能够帮助广告主与媒介代理公司监测广告是否投放在正确的媒介场景，例如视频网站上定剧包投的广告是否出现在广告主所预期投放的剧目内容周边。

(三) 互联网技术驱动广告服务化

技术通过服务提升用户的消费体验，基于互联网广告数据与算法，系统会自动识别用户的消费需求，并匹配与用户需求高度相关的广告，从而降低广告的无效曝光率。与此同时，用户在这个过程中也享受更佳的消费推荐。当机器学习不断地深入了解消费者，洞察消费者更深层与更多维的需求，在某种程度上，洞察的深度与范围甚至超越了用户对自身需求的了解程度，这就使得系统推荐的广告与商品，有可能比用户自己搜索寻找的广告与商品信息更加准确，更加符合用户潜意识的需求。

当用户晚上10点打开美团App想要点外卖，系统会根据用户过往的购买经历识别用户对烧烤有着特别的嗜好，于是自动向用户推荐附

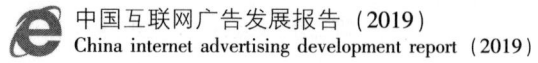

近有折扣优惠的烧烤店，告知你现在下单这家店铺是最划算的。所以，美团的首页推荐既是广告，也是在为用户提供服务。本来用户可能要至少对比10家餐馆才能够做出勉强满意的选择，而智能推荐能够帮用户尽快挑选出最满意的商品或服务。

"用户注意力"越发珍贵。从宏观环境看，包含政策、经济、技术、消费环境正在推动网络广告全面走向精细化和标准化，为产业提供了稳定的发展条件；同时，在互联网信息超载时代，用户注意力将成为稀缺资源，刺激度阈值也会越来越高。顺着技术的发展轨迹，各个要素在原有模式上衍生出了一套更加科学的逻辑。其中涵盖：有关营销的部门协作将更精准和恰当；媒介正在去中心化，有价值的触点或成突破口；内容方面也不再只是喊口号，而是贯穿了用户从关注到购买的整个周期。

更好的承载内容是核心，打造优质的用户体验是目的。自互联网发展以来，依托网页为载体的网页广告开始流行，其目的是吸引用户浏览和点击。到了移动互联网时代，信息流广告是用户体验度较高的广告形式，未来，诸多广告都会信息流化，而广告也会越来越像内容，全方位地提升用户体验。

（四）短视频带货，技术拓展电商供应链发展

2017—2018年短视频行业流量基础增长迅速，从用户规模和用户黏性两方面完成了流量的快速积累。全产业链的大量投入保证了短视频行业继续高歌猛进的生命力。2018年，短视频行业市场规模达467.1亿元，增长率达744.7%，主要由于短视频平台开放广告变现的

行为带动。随着短视频逐渐成为用户在线娱乐不可或缺的方式，短视频平台广告变现及其他变现方式仍有较大的发展空间。

技术为短视频变现——作为营销呈现端的短视频到销售平台的转化——提供了支持和最短的路径，最大限度地拓展了电商渠道作为营销供应链的功能。受众在观看短视频内容时，几乎同步就可以进行点击、下单、购买，所有转化和过程即时就可通过技术实现。

（五）广告与KOL，技术使KOL整合、评估、投放过程更智能

KOL颠覆了很多传统广告方式。微信群、朋友圈、公众号、微博、小红书、抖音等平台，都有大量KOL资源。通过"受众的从众心理+明星效应"，带动用户从无购买欲望的人变成冲动型消费者。KOL营销对于影响中国消费者的消费习惯至关重要。营销人员也看到了KOL在社会化营销战略中发挥的关键作用。

在KOL的合作中，技术发挥了重要作用。KOL搜索引擎、MCN，帮助广告主更好地整合资源；KOL评估、程序化投放，帮助营销人员了解KOL与自身营销的匹配性和契合度，更好地进行投放。技术工具和通过技术实现的数据分析能力，使营销人员不再仅仅依靠代理商或感性地选择KOL，这一过程变得更加智能。

四、互联网广告数据的技术反哺

互联网广告监测数据本身的价值是有限的，但是当这些数据能够跟更多的数据打通，并通过人工智能算法输出更多信息的时候，互联

网广告监测数据的价值将不断膨胀,我们称这个现象叫作"广告数据的反哺"。互联网广告的投放行为不再仅是"有去无回"的单主体线性传播行为,而是一次触发行为,在"来来往往"的反馈数据中不断优化、迭代、再次触发的多主体循环传播行为。

进行互联网广告投放,广告主及媒体方面都非常关心广告库存的相关数据,尤其是以曝光和点击进行结算的广告业务模式。而众所周知,对于未来的预测总是很困难和不准确的,我们必须依赖大数据的挖掘基于过去的历史数据对未来进行预测,然后根据已确认的订单对库存进行扣减,从而得到可售卖的剩余库存。

(一)互联网广告数据"反哺"营销活动

在互联网空间中,从广告主投放广告、传达卖点、跟消费者互动、说服购买到提供服务,这个过程几乎是一气呵成的。尤其是在电商平台上,后链路的销售数据能够及时地反馈回来,不仅能够帮助商家改善广告的投放形式,还可以帮助商家研究市场爆品、消费者兴趣变迁,并将这些潮流趋势反馈到生产线中,然后迅速地推出新品。在这个过程中,广告虽不能替代生产,但是辅助生产活动,广告测量也能够辅助定价。广告数据作为企业识别用户属性、行为与动机的关键数据,也能够帮助企业推测用户的心理价位,帮助企业制定更加灵活、更加机动的产品价格。互联网广告可以直接从"认知场"跳转到"销售场",点击互联网广告,便可直接跳转到产品或服务的线上下订单的页面。如果产品是实体的,从即看到即买再到即用,可能还需要等待,但是如果产品是虚拟的、服务属性,那么,即看、即买、即用几乎不存在延迟。

(二) 互联网广告监测数据"反哺"商业决策

广告监测数据并不只有一次生命，大量广告监测数据的积累，以及与其他数据的拼贴，可以帮助品牌营销解读出更多的信息，帮助品牌更深刻地了解区域市场。随着拼多多这一电商平台的崛起，以及中国经济新常态局面的形成，很多品牌广告主开始关注低线城市营销这一话题。然而，中国幅员辽阔，城市级别不同、地域不同、生活方式千差万别，行之有效的营销手段差异较大。虽然品牌对一二线城市已有非常全面且深入的了解，但是这并不能代替对低线城市的认知。广告主并不知晓低线城市的媒介生态，包括品牌认知情况、消费能力水平、兴趣偏好等关键信息。而中国有将近300多个低线城市，如果一一开展调查，耗费的时间精力较多，且成本太高。在互联网广告领域，不同区域、城市的广告监测数据可以帮助品牌以独特的视角认识新的区域市场。过往在这些地域的广告监测数据可以帮助品牌推断市场的大致情况。品牌可以从类似的广告投放数据中得知：有的城市，广告只要一投入下去，销售收入立马就上涨；有的城市，广告投入下去，销售收入大概只有前一个城市销售收入的一半；有的城市，广告投入下去了，但是收入增长的幅度并不明显。广告投放的效果数据帮助品牌初步识别了不同城市的广告投放效率与市场营销的差异，品牌再依此线索去判断城市差异的细节，并最终考虑广告主题、媒介策略、品牌控制、目标市场选择、商业选址等，完成最后的商业决策设计。

在跟进机会的过程中，有关广告主的分析和广告主历史投放数据的分析可以给销售带来很多实质性的帮助。根据广告主的行业、产品、投放历史效果等信息，系统可以给出广告主投放倾向性分析，从而能够帮助销售部和策划部设计更为广告主感兴趣的广告营销方案。

而对于广告主历史回款数据的分析和挖掘，可以得到广告主的信用度报告，从而决定媒体适合和广告主签订多大的订单而无须高层特批，广告主能够在应收款为多少的时候依然能够先投放广告后支付款项。

在商务谈判过程中，根据广告主所希望的资源情况，如该资源的库存状况、转化率分析等数据，广告主所提出的KPI完成的难易程度，以及由此可能带来的资源浪费程度，在经过分析之后，也将成为销售对广告主进行报价的数据基础。

五、智能技术兴起，改造整体广告产业

（一）广告产业的智能化、技术化趋势

智能化工程是集合各种不同形式的智能化系统，让多个智能化系统有机地结合成为有效的整体。智能化工程的重要特点之一，就是人与机器相结合，并以人为主导的综合集成体系。截至目前，互联网广告作业各大环节的技术改造已经基本完成，广告技术的大局已定，技术的演变趋势只是在多个细分领域迭代升级。

智能广告产业是以人工智能、大数据和云计算等技术在广告传播中的应用为主要特征，以智能广告公司及关联企业为产业主体，能够实现受众智能识别与广告精准传播的新型广告产业业态。当前，中国

智能广告产业规模日益扩大,智能广告产业链逐步完善,智能广告公司数量正快速增长,同时,智能广告市场竞争也渐趋激烈。中国智能广告产业竞争力提升,亟须实现产业组织优化、产业结构优化、产业生态优化和产业规制优化。

(二) 自然语言处理技术在互联网广告领域的应用

自然语言是人们日常使用的语言,并非计算机语言。为了解决人与计算机之间使用自然语言进行有效通信的问题,自然语言处理(NLP)技术应运而生。该技术的主要目的在于研制能有效实现自然语言通信的计算机系统。自然语言处理是计算机科学领域与人工智能领域的一个重要方向,同时在广告领域也有广泛的运用。

互联网瞬息万变的时代,新技术的诞生,对于聚焦营销的群体来说,是多了一个工具去创造更好的用户体验。H5、直播、短视频也分别是创意技术与媒体技术结合的现象级产品。在技术成熟越发迅猛的今天,营销业都以最快的速度学习掌握并应用到实践中,抓住时机投入创意的力量去创造内容、互动,并投入新兴媒体运用,既创造了很好的传播效果,也让受众的碎片化时间变得更加丰富多彩。丰富多样的技术,在广告业大有可为也大有所为。瞬息万变的营销世界每一天都有新鲜事在发生,整个营销生态圈诞生了不少精彩的技术营销尝试。这些技术的变化和应用对我们会更有启迪,也更代表了未来营销的趋势变化。几年前,著名投资人李丰在一场举办于深圳的、平安银行与峰瑞资本共同举办的声学新技术产业论坛上,讲了他对智能声学与科技投资新方向的前瞻性观点,他说:"中国即将进入或者已经在的智能时代,有两者一定会成为受益者,一个是语音产业,另一个是深圳。"自然语言处理可用于处理互联网中的海量文本,从而获取并掌握与广告活动相关的关键信息:自然语言处理能够帮助品牌掌握其在社交媒体上的口碑状况,实时了解社交用户之间的互动情况,根据用户行为自动触发简单的营销沟通;自然语言处理能够应用于广告投放领域,通过自动识别广告物料中的文字信息及媒体内容环境,结合文本分析与理解,协助判断广告内容与媒介语境是否匹配;自然语言处理也应用于广告效果监测领域,帮助广告主识别广告是否按照媒介计划投放在预期媒介场景中,是否存在投错、投偏的情况。目前,自然语言处理在文本类领域的应用较为成熟,下一步的发展将会向语音识别、图像识别、视频识别等领域推进。

(三)内容自动生成技术应用于广告创意优化

系统会自动根据目标人群的接受状态与所处阶段来匹配广告创意。根据用户接触品牌的阶段顺序,第一次投放给用户一则关于品牌形象的视频广告;第二次推送给用户与购买相关的广告,例如优惠券广告,或者离用户位置较近的店面打折促销的广告。

(1)动态创意优化:互联网广告效果监测数据帮助广告主完成创意的 AB 测试。系统根据先期反馈回来的广告效果监测数据,判断哪一则创意的说服效果更佳,动态征用不同的创意版本,进而优化投放策略。

(2)跨屏频次控制:跨屏频次控制是在程序化购买之上更为精细的投放决策。系统不仅判断用户的属性、兴趣爱好、行为特征,而且也判断用户在这之前大概在不同的媒体平台上总共接收几次这一广告的曝光,如果尚未达到阈值,就继续投放广告;如果已超越阈值,就暂缓广告的投放。

(四) 效果反馈,技术能力实现品效测量

技术能力支持互联网广告在效果反馈上,实现品效测量,特别是在效果层面的测量上,归因分析为大预算广告提供了真正的基于细到每个媒介触点的效果反馈。

多触点归因算法,即对每个渠道、触点的贡献率进行计算。在广告投放一段时间之后,广告主统计广告效果是哪些平台、渠道和触点的广告带来的,从而知晓自己在不同平台上的投放效率,不断优化自己的投放行为。这一算法对于年度广告预算上亿的广告主来说,非常必要,而对于预算比较少的广告主来说,其意义并不大,因为归因分析之后,预算可能所剩无几。

(五) 知识图谱在互联网广告领域的应用

"知识图谱"(knowledge graph)这一概念最早是由谷歌提出的,用于构建机器可识别的带有逻辑推理关系的知识元发展进程和结构关系的新一代可视化语义网络工具,是人工智能的基础设施。知识图谱的基础是数据和算法,它需要应用自然语言处理和深度学习来进行数据挖掘,在海量知识中找出关联性,形成知识图谱。如果说机器学习只是简单掌握不同标签的关联性,那么知识图谱则是进一步挖掘标签体系的逻辑关系:谁是因、谁是果、中间关系、递进关系、推理关系等,将各类广告标签关系向量化、可视化,形成语义网络。知识图谱技术目前主要应用于互联网广告的推荐与点击率预估领域。人工智能在互联网广告行业中应用的先决条件是建立对广告行业的认知，机器只有理解了广告行业与具体场景，才能真正实现智能化。

广告行业知识图谱的形成过程，其本质上是建立对广告行业的认知与理解，帮助机器形成关于广告行业运作规律的知识结构与图谱，使其具备类似于人类一般的认知能力。目前，广告行业的知识图谱是以用户、媒体类型、广告位置、广告主类型、广告素材五大标签体系为基础，通过建立标签之间的逻辑关系，形成广告领域的知识图谱。

广告行业的知识图谱试图回答"何种类型的用户，在何种媒介场景（媒体类型与广告位置），接触哪一个广告主的哪一则广告内容，能够产生兴趣与行为"这一问题。这也是广告行业在人工智能层面需要一直探索的问题。一旦形成广告行业的知识图谱，系统就能够根据图谱知晓不同的用户类型与需求，媒介场景、商品类型及广告内容之间的逻辑关系，从而推荐符合用户需求的广告。同时，系统也能够根据图谱以及现有的投放情况，预测广告效果，即点击率预估。

（六）在数据安全基础上，解决"数据围墙"间的数据交换与计算

如前文所述，出于数据安全和媒体间"数据围墙"的原因，虽然市场存在多样、多渠道数据，但如无技术支持，就难以进行数据间的交换和计算，也就无从谈起解决营销问题。

MPC（多方安全计算），通过密码学基础理论与分布式计算、区块链思想结合，可以实现在不暴露数据明细的条件下，将数据用于模型训练、人群画像、转化提升、精准营销，为数据挖掘工作创造一个可行的数据处理环境。

六、互联网广告技术展望

（一）更多屏幕，更多数据，打破虚拟与现实的边界

在未来，以 5G 技术为核心，协同自然语言处理、计算机图像识别、计算机音视频识别、物联网、屏幕革命、智能硬件等在内的一系列配套技术，将会共同推动整个传播行业向前演绎。如果说 4G 时代是"人联网"的巅峰时代，那么，互联网用户规模增速逐渐放缓，这就意味着 4G 时代的发展已触及流量的"天花板"。即将到来的 5G 时代是"物联网"的全新时代，所有屏幕、人与物都互联的时代，它将打破流量的天花板，迎来新一轮的技术驱动（见图 2-3）。

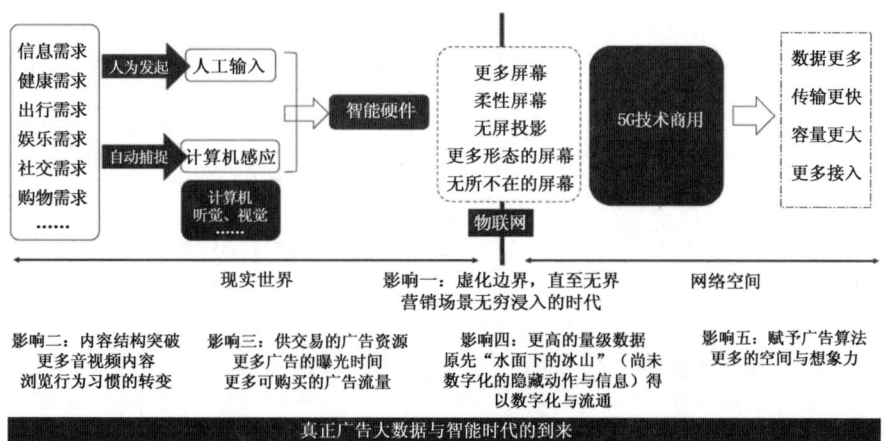

图 2-3 互联网广告技术将打破现实与虚拟的边界

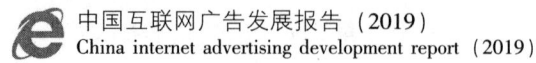

影响一：营销场景无穷浸入的无界营销时代的到来

进入5G时代，广告可以通过很多技术、很多屏幕渗透到生活中。平日吃饭的饭桌、卫生间里的墙面镜、冰箱的柜门等都有可能是屏幕的界面，甚至是无屏投影仪等这种没有传统意义屏幕的输出界面。当柔性屏幕等屏幕技术的成本降低到一定程度之后，屏幕将会无所不在，从而连通线上与线下，营销也将真正进入"无界"状态——只要有流量的地方就会有销售，不论是App，还是街角。5G时代就是营销场景无穷浸入的时代。

影响二：媒介生态与内容结构的突破性转变

"媒介即内容"——在5G网络传播技术下，网络速度提升与低延迟性等技术特性将会促使手机应用等移动媒体生态与内容结构实现突破。大量优秀的网络游戏、高清视频以及基于大量数据交互的媒介应用及周边产品将会接连涌现，人类的浏览行为与注意力模式也会随之发生转变，进而影响品牌与用户的沟通方式。

影响三：可供交易的广告流量成十倍增长

更多的屏幕、更多形态的屏幕、柔性屏幕、没有屏幕的屏幕、联网的智能物件等将会让人除了睡觉的8个小时，其余16个小时都暴露在网络中、屏幕前，这也就意味着互联网广告的线上与线下流量已无太大的区别，可供广告主购买的流量总额可能会比4G时代多出10倍。

影响四："水面下的冰山"的巨量数据将被暴露

届时更多的主体与物体接入互联网，图像识别、声音识别与视频识别等，会将原先"水面之下的冰山"展现出来——原先尚未数字化的隐藏动作与信息也会转化为数据,在网络空间中流通。广告行业才真正地从数字营销过渡到大数据营销。

影响五:广告算法将会迎来更广阔的想象空间

大量数据的产生与传输,也就意味广告算法将会有更多空间与想象力。随着越来越多的硬件设备链接到网络空间,数据量将会飙升到新的量级。智能硬件不断地"虚化"着网络世界与现实世界的"边界",它智能地捕捉着现实中的情况,投射给网络空间,经过一系列的计算与推断,再次反馈给现实世界以更加可视化、更加人性化地回应于解决方案。

(二)更多算法,更多智能,算法"绝缘体"将被淘汰

在未来,程序化与智能化的逻辑将会持续下去(见图2-4)。

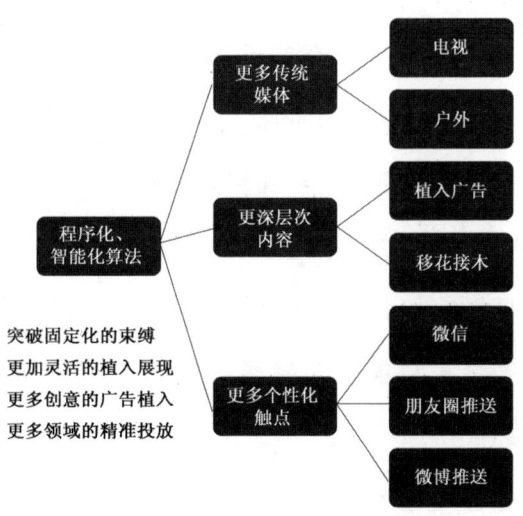

图2-4 程序化与智能化逻辑将会延续

数据与人工智能算法是互联网广告接近技术,凭借技术改造自身的必经之路。未来的广告竞争不是简单的内容与创意的竞争(见图2-

5),再优秀的创意想法也需要有技术的加持,否则将会招致"降维打击",并最终被淘汰。

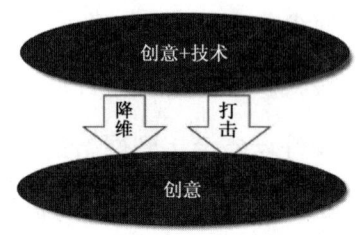

图 2-5　未来广告的竞争是创意与技术的竞争

唯有经历数据化、智能化的广告才能在互联网广告时代谋得生存空间,算法"绝缘体"要么改变,要么被淘汰。

(三)互联网技术的连通性将会形塑更加复杂的市场竞争

互联网技术的核心思想是连通,通过连通万物与快速反应的基本操作,协助人类完成塑造全新世界的使命。从并购新兴的互联网应用企业、到并购传统行业企业与资源(苏宁易购收购家乐福、拼多多进入农田争取货源),再到智慧城市的"排兵布阵"(腾讯与阿里的高速收费 ETC 之争)这一系列的市场操作中,我们看到了,互联网市场循着"打破互联网空间中的隔阂→打破线上与线下的隔阂→打破现实与虚拟的隔阂"这一路线来实现无界,塑造全新的生活世界。

在对未来互联网广告技术格局推演中,我们看到,技术在互联网广告领域的应用绝非是哗众取宠的雕虫小技,而是塑造了全新的互联网广告世界。因此,任何广告活动对技术的调用都并非孤立、隔绝的,而是在适应整个互联网广告技术生态体系之后的整体操作。这也就意味着,未来的广告活动不是零散的单个企业单枪匹马的单线程活动,而是在整个市场,以平台为打通的载体,实现广泛的合作。互联网广告技术开发与应用的主体——广告媒体、广告公司与技术服务商之间的隔膜需要进一步消解,以寻求更加通畅无阻、协同有序的沟通互动。于是,互联网广告市场的结构开始趋向网络化、灵活化,而平台载体连接多边市场,透过规则,不断地放大其网络效应,惠及多边客,是适应互联网广告市场交易需求的理想实体。

市场可能会同时存在多个平台,但是数量一定不会太多,各个企业在各自的平台阵营中,合作交流、战略性、联盟性地行动,与其他阵营的竞争对手进行更加复杂、更加迂回的竞争对抗。近年来,平台型的互联网巨头频频在传统媒体上投放平台形象广告,进一步透露,未来的市场竞争并非一城一池的短线输赢,而是在帷幄中对市场大势的运筹。

(四)连通"数据孤岛",数据增强

源自用户的隐私担忧,促使政府出台并完善数据安全与用户隐私保护的相关法律法规。这一系列政策将直接影响广告数据的收集与应用范围,也影响着互联网广告技术生态中的底层大数据状况。

具体到互联网广告的监测领域,由于用户对个人隐私的担忧日渐增长,用户逐渐养成了删除浏览记录、清理内存的习惯。此外,杀毒软件也设置了自动删除 Cookies 的选项,这使得以 Cookies 为线索来识

别用户身份的广告数据相对来说并不是很准确。广告如何在不触犯用户隐私的情况下，推送给用户更加个性化的内容，应该是未来互联网广告发展的重要课题。

伴随着用户隐私保护相关法律法规的逐步完善，未来的数据采集与应用将会受到很大限制，这也意味着目前的技术生态需要适应政策的转变而做出调整。未来的技术定会在匿名化与数据安全领域寻求突破：一方面保障用户的隐私安全，另一方面确保商业使用的效率。

互联网媒体巨头不仅凭借用户流量变现，而且逐渐凭借累积的数据资产来强化自己的合作价值。对于国内广告主来说，他们想要在数据技术领域大有作为，就必须与互联网媒体巨头合作。因为即使广告主掌握大量的数据，例如会员数据、广告投放监测数据、官方网站的分析数据、微信微博的粉丝数据，如果没有将这些数据的 ID 打通，这些数据是很难被用于分析与挖掘，其价值更是难以实现的。

目前，国外有专门的代理机构帮助广告主打通 ID，但国内尚无此类代理公司。国内企业需要借助互联网媒体 BAT 的平台完成数据的打通（见图 2-6）。

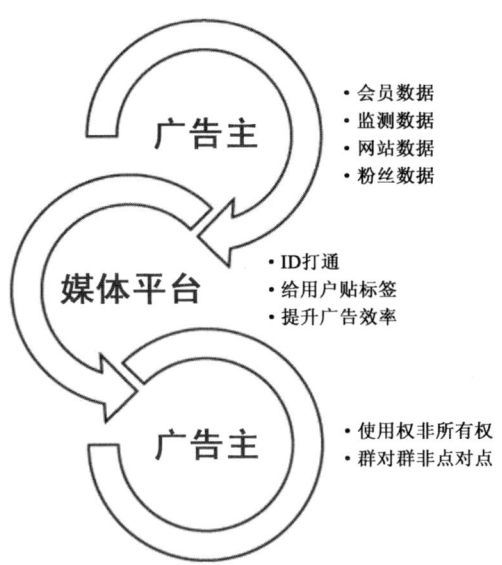

图 2-6　广告主借助媒体平台打通数据

第三章

2018年中国互联网广告行业政策法规

2018年5月25日，欧盟《通用数据保护条例》（GDPR）正式生效。同年6月，《中华人民共和国网络安全法》实施满一年，随着行业市场的持续快速发展，过去制定的多项市场监管政策和法规如《中华人民共和国广告法》《"十三五"市场监管规划》《互联网广告管理暂行办法》也面临着更多的机遇和挑战。

一、《网络安全法》实施一周年

2018年6月,《网络安全法》实施满一周年,我国网络环境的整治、安全巩固效果可谓成果斐然。

在和互联网广告息息相关的用户信息安全保护层面,《网络安全法》明确规定了互联网各运营主体对用户信息安全的处理管理规范,为互动网络委员会主导、广告行业多家重要成员单位共同起草的《中国互联网定向广告用户信息保护框架标准》、国家标准《互动广告 第5部分:用户信息保护要求》等规范提供了指导依循。

另一方面,2018年5月起实行的《信息安全技术个人信息安全规范》也贯彻了《网络安全法》个人信息处理中的"最少够用原则",即除与个人信息主体另有约定外,只处理满足个人信息主体授权同意之目的所需的最少个人信息类型和数量。

自《网络安全法》实施以来,中央多部门单位联合展开用户隐私条款专项工作,多款手机App存在越权获取用户隐私权限、数据处理声明不清或超出使用范围等违规行为,目前已经由多地监管单位采取要求整改、提起诉讼等措施。

互联网广告行业涉及多种程序化交易和数字技术,针对用户信息的安全处理和应用更是其中的关键核心,在《网络安全法》的指导下,行业正逐步构建诚信、安全的市场环境。未来在产业的持续升级过程中,相关法规仍需不断调整应变,或考虑以行业标准、规范等形式及时要求规范,强化对用户信息的完整保护。

二、全面整治互联网广告行业市场环境

当前我国互联网广告市场行业处于高速发展阶段，新的形式、技术不断出现，国家市场监管单位在符合行业趋势和国家对市场秩序的稳定要求的前提下，不断完善相关法规并推进监管工作，以保障社会和消费者个人的合法权益。

2018年2月，国家市场监管总局印发了《关于开展互联网广告专项整治工作的通知》，展开为期10个月的专项整治工作。据现国家市场监管总局公布的数据，2018全年共查处虚假违法广告案件4.13万件，罚没金额7.58亿元，其中互联网广告违规案件23102件，同比增长55%，罚没款同比增长37.4%。

（一）强化监管力度，整治成效显著

互联网广告监管是2018年广告行业的整治核心，在国家市场监管总局的督促指导下，各地进一步加大执法办案力度。全国各省（区、市）工商和市场监管单位根据整治工作重点和本地实际情况制定了相应方案，落实属地监管责任，如上海将专项整治工作纳入2018年度集中执法行动，将集中执法行动与重点专项整治相结合。而广东则将专项整治工作纳入2018年整治虚假违法广告综治考评考核范畴，由领导带队开展实地督查指导。

2018年前三季度，全国共有25个省（区、市）查处的互联网违法广告案件增长率在20%以上，有13个省（区、市）的案件增长率

超过100%。上海、广东、浙江查办的互联网违法广告案件分别为3225件、2835件和1815件,数量名列全国前三位;从罚款金额来看,上海、北京、广东名列全国前三位。

据上海市市场监督管理局透露,2018年,上海市场监管部门共查处各类广告违法案件5060件,罚没款总计1.16亿元;其中互联网广告案件数量和罚没款额分别为4383件和8271万元,占广告案件总量的比重分别为87%和71%。

浙江省方面,2018年共查处各类违法广告案件6174件,其中互联网违法广告案件4548件,金融类、医疗、药品等重点领域违法广告案件1238件。

此外,总局还加强对互联网广告的监测,委托全国互联网广告监测中心对全国46个副省级以上行政区划的1004家PC端互联网媒介、4家广告联盟和电商平台进行日常监测。2019年前三季度,共监测互联网广告6653.45万条次,违法率与上年相比明显下降,体现了专项整治效果。

(二)集中重点领域、行业

国家市场监管总局加强跨地区违法广告案件的统一调度指挥,挂牌督办重大案件。专项整治以社会影响力大、覆盖面广的门户网站、搜索引擎、电子商务平台、移动客户端和新媒体等互联网媒介为重点,对涉及特定导向、政治敏感性、损害国家利益和违背社会良好风俗,以及特定行业中(如保健食品、医疗、药品、医疗器械、金融投资等)所涵盖的虚假违法互联网广告进行加强整顿,保障了互联网广告市场的稳定秩序和发展。

国家市场监管总局联合各地共曝光了 100 件典型案例,其中涉及违法食品广告案件 19 件,如"北京锦福丝羽科贸有限公司发布虚假违法广告案"宣称其销售的酒类商品中添加了多种药材成分,与实际情况不符,违反了《广告法》第十七条、二十八条的规定;"金华浙江搜富网络技术有限公司发布虚假违法食品广告案"中当事人夸大驼奶制品市场前景并宣传不实疗效,其内容与实际情况不符,构成虚假广告,违反了《广告法》相关规定。

整治工作中,医疗药品领域是"重灾区"之一,上海市市场监督管理局对"万艾可""上海远大心胸医院""高培鳕鱼肝油软胶囊"等医药保健类广告进行严打。其中,海王星辰药房"万艾可"网络直播广告是上海市查处的首例违法网络直播广告案件,其不仅严重违反处方药广告发布规定,而且在直播活动中散播不雅内容,当事人和公司分别依法被罚款 70 万元。

在典型违法案例中,不乏电商行业的违法广告,主要涉及广告禁止用语的使用和疾病治疗功能的违法宣传。如温州艾洛兰服饰其天猫商城店铺宣传语句带有"最轻的通用塑料""PP 是现在最安全的新型材质之一";温州仟亿餐饮在其淘宝店铺网页中发布了涉及疾病治疗功能,以及使用医疗用语或者易使推销的商品与药品、医疗器械相混淆的用语的广告。

网络游戏也是专项整治工作特别重视的一个行业领域,国家市场监管总局要求配合中宣部等部门开展网络游戏市场集中整治行动,加强网络游戏广告监测监管。上海市于 2018 年 1 月 18 日启动网络游戏信息内容专项整治行动，全面治理网络游戏领域乱象，以网络游戏含有禁止内容、网络游戏宣传推广含有禁止内容等违规经营活动为监管执法重点。据统计，各地文化市场综合执法机构共检查网络游戏运营单位7820家次，责令改正363家次。下一步，监管部门将在持续打击的同时，推进网络游戏转型升级，引导网络游戏行业加强自律管理。

上述违法广告或信息内容推广，有的违背社会良好风尚，有的则严重损害国家民族尊严，经各省市监管单位通报查处后列为重大典型案例，形成强力震慑，树立了执法权威。

(三) 完善监管机制

在2019年4月10日的全国市场监管部门广告监管工作会议上，国家市场监管总局副局长秦宜智出席会议并对2018年广告监管工作成效进行了肯定，包括广告导向监管持续强化、广告执法办案不断加强、监测监管基础不断夯实、广告协同办案不断深化、广告审查工作平稳衔接、指导产业发展取得新进展。

秦宜智还指出，市场监管部门机构改革已顺利落地，新时代、新使命，要以更高的站位和视野来审视把握当前和今后一个时期的广告监管工作。全国市场监管部门广告条线要围绕营造公平有序、公众满意的广告市场秩序的目标，一手抓监管、一手抓发展，聚焦导向监管、智慧监管、信用监管、协同监管四个重点，构建新型广告市场监管体系。

回顾2018年，在国家市场监管总局的带领下，各级工商和市场监管部门积极配合，及时对专项整顿工作进行总结梳理，形成了很多良

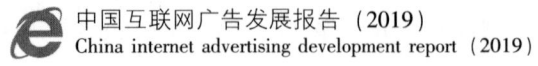

好的经验做法和工作制度。

国家市场监管总局广告司司长刘敏也强调，将加强制度建设，加快推进《药品、医疗器械、保健食品、特殊医学用途配方食品广告审查发布管理办法》修订工作，严格"三品一械"广告审查。

与此同时，总局针对执法办案中普遍存在的疑难问题及时研究，形成《广告监管执法办案若干问题的指导意见（初稿）》，并专门召开会议组织讨论修改。在中央领导和各方的不懈努力下，国家互联网广告监管体系正不断壮大完善。

（四）互联网广告监管任重道远

随着互联网媒介技术的变革，自媒体快速兴起，包括微信、微博、直播等在内的多种个人发布的内容不仅数量庞大且具即时性，形成了极具传播性、开放性的"媒体"，更成了互联网广告的载体。由于互联网广告有着数量多、分布广、可变性高等技术特点，其特殊的市场行业体制在执法监管上存在天然的障碍，广告监管形势依然严峻复杂。

2018年的互联网广告专项整治工作已见成效。面对新形势、新问题和新要求，秦宜智要求，2019年全国市场监管部门广告条线要坚持公正监管，全力维护广告市场良好秩序；开拓创新，加快推动我国广告业实现高质量发展；强本固基，夯实广告监管工作基础；认真做好广告监管各项工作。

全国各省（区、市）各级监管单位将持续推动互联网广告监管工作，围绕党和国家的指导原则，明确广告监管工作的重点，并带动行业各方从业者积极响应，为互联网广告市场秩序贡献力量。

三、欧盟 GDPR 解读

GDPR 是欧盟新发布的《通用数据保护条例》，用于取代 1995 年发布的欧盟数据保护指令。近年来，欧美不断揭露企业、政府等组织泄露个人隐私信息的风险，GDPR 即在此基础上因应而生，目标在于强化个人数据管理权，并为跨国界合作打击数据违法提供统一的指导处理方针。

（一）适用范围扩大

GDPR 核心在于其适用范围扩大，只要涉及欧盟公民个人信息数据，欧盟以外的国家、机构企业皆须遵守。其中对用户数据主体权利的强化，包括明确用户的知情、访问、反对、删除权、被遗忘权、数据可携性等；同时，单位对数据安全保护的责任扩大，从数据控制方到数据处理方都须承担。经营范围欧盟公民信息处理或跨境数据流通的境内企业首当其冲，其需要对用户数据进行更严格的处理，以符合欧盟审查单位的要求。

（二）严格要求信息安全

GDPR 对成员单位数据安全保护的要求更加严格，从数据控制者到数据处理者皆须问责。同时，掌握大量数据的企业单位必须设立数据保护，并对数据日志记录进行留存，文档化管理，建立内部安全制度、风险评估、数据泄露通报等一系列措施，对于跨境数据的传输流通更是有严格的限制。

（三）对中国市场环境和监管法规的借鉴和影响

纵观 GDPR，其来自欧盟独有的市场环境，给予了数据主体的权利远大过国内，如用户的"可携带权""被遗忘权"，赋予了用户要求转移、删除数据的权利，企业单位在执行时，需要增加极高的成本投入，以完善信息安全机制或配合政府核查的要求。

此外，GDPR 为适应欧盟境内多个成员国的环境，设计了一站式的监管方案，企业直接和其主营业地所在国的数据保护主管机构沟通，不需要和多个国家的数据监管单位打交道，而针对个案，GDPR 仍然为各成员国预留了一定自主空间，通过"硬性+弹性"的手段，消弭了法律制度差异，建立其单一数字市场战略，有利于推动数字经济发展。

GDPR 的出台实行，为全世界乃至中国都提供了参考和借鉴。如 2018 年 5 月 1 日实施的推荐性国家标准《个人信息安全规范》，其中"数据控制者"的概念就参照了 GDPR；而我国《网络安全法》第四十二条第二款也同意 GDPR "基于风险管理"的立场，要求"在发生或者可能发生个人信息泄露、毁损、丢失的情况时，应当立即采取补救措施，按照规定及时告知用户并向有关主管部门报告"。

当前中国互联网广告市场尚处于高速发展期，相关法律政策在制定时，应当依照国情和行业市场环境既有模式和特殊性，适当地参照 GDPR 等国际性标准。从长远来看，GDPR 将带动全球个人信息保护规则升级，并具有带动中国企业和监管法规层面进一步重视用户隐私信息的保护、完善内部管理机制的领头作用。

第四章

互联网广告发展现状分析

第四章 互联网广告发展现状分析

综　述　透过"现象"看技术重构广告业态

互联网及移动互联网改变了以往传统媒体的经营模式和运作逻辑，广告、营销的内涵持续处于变化之中，服务即广告、广告即服务、经营功能化、营销服务化是互联网广告的基本趋势。以往借助传统媒体制造传播爆款的现象，随着能够短时间汇聚众多用户注意力的"短头"产品的落寞而难以再现，基于数量众多的网络产品、应用程序和服务形态产生的广告，以日益更新的形态持续丰富着广告领域的长尾市场。它们像生命力顽强的竹笋，在广告的丛林中肆意生长，逐渐形成独特的规模和特色，成为焕发网络广告市场价值最重要的增量因素，也成就了近年来中国互联网广告市场的快速增长。而背后的驱动力，毫无疑问是日新月异的网络技术，特别是大数据和算法。

互联网广告形式多样，表现抢眼的有诸多类型。本报告选择电商、搜索、社交、视频和信息流广告几种代表形式，以此管窥2018年度互联网广告的发展现状。对广告形式的分析，首先面对的就是广告类型的划分问题，这也是当下业界普遍感到困惑的问题，因为任何划分标准的选择，都难以穷尽现有的形态各异的广告形式，任何分类都难以避免"异类"广告形式的出现。就目前普遍公认的分类方式来看，一是从平台/媒体的角度进行划分，这种分类看起来简便易行，但受到平台属性的局限，当平台本身并不那么纯粹，依托平台的广告形式也会变得复杂化。二是不考虑平台的属性，而是以实际的广告形态分类，这种分类更容易得到学院派的支持，在理论上更容易找到依据，但给现实统计带来较大的难题。为科学起见，本章所列的广告形式以实际的广告形态为主，适当考虑平台的属性，故会出现各类广告形式相互融合、相互转换的可能性。

2018年，互联网广告总营收3694.2亿元，增长率24.2%，保持较快增速。互联网广告向移动端倾斜越来越明显，移动端广告收入占比进一步增大至68%，较上年上升6个百分点。从计价方式看，效果类广告成为最主流的广告形式，广告收入占比达到64.9%。技术为业态和产业赋能，重构了广告基本盘，大数据、算法和AI成为2018年广告业的核心关键词。技术在广告运营中下沉，一方面大幅降低了广告主的预算门槛，带来了小微广告主数量的增长；另一方面，技术使广告投放效率提高，打开了广告长尾的库存，提高了变现空间。具体到分类广告，电商广告、搜索广告、社交广告、视频广告、信息流广告成为互联网广告中的主流形式。根据中关村互动营销实验室的数据，展示、电商与搜索广告收入合计占比超过广告总量的80%。其中，搜索广告因基本盘庞大，虽在增长态势上进入下降通道，但总体影响不大；传统搜索引擎借助信息流广告的转型，止住了停滞的态势，并实现了搜索广告的小幅增长。凭借展示广告、电商广告的大幅增长，确保了互联网广告的整体营收处于期待中的上行通道。这一结果一方面得益于以拼多多、腾讯社群电商等为代表的社交电商的兴起，以及以KOL、红人为代表的内容电商带来的电商新增量，另一方面受益于依托信息流为主要形式的展示类广告，在腾讯、字节跳动、百度等信息流巨头迎来商业收割期后,利用信息流展示广告信息已经得到众多商家的广泛接受。

总体来看,电商、搜索广告作为传统互联网广告形式,在AI、5G和万物互联的大趋势下,广告形式和内涵不断延伸。同样,继之而起的社交广告、视频广告及新兴的信息流广告等,随着基于互联网的社交时代的来临,广告与内容、信息的融合日益深入,也改变了最初呈现的样貌。本报告依据行业惯例及实用性原则划分的五种主要广告形式——电商广告、搜索广告、社交广告、视频广告、信息流广告,虽都植根于通用的底层技术,但在发展变迁过程中呈现出明显的融合趋势,不同广告类型之间多有交集出现,具有相互交错贯通的特质。比如,电商、搜索、社交、视频中都有信息流形态,而电商、搜索、视频、信息流都不同程度具有社交形态,其结果就是互联网广告在竞争层面呈现出网状化特点,这都源于互联网企业打破行业竞争进行跨行业角逐而表现出溢出特点,这进一步加剧了互联网广告市场的复杂性。透过以下几个典型现象,我们能直观感受到互联网广告强大的内生动力。

一、拼多多现象:"鲶鱼"搅动市场格局

在人口红利期行将结束之际,电商平台如果拥有可观的年活跃用户规模,这一指标很容易放大该平台的行业地位,拼多多就是在这一时间节点上赢得"口红"效应。2019年年初,一组年活跃用户达到4亿的数据把拼多多推上了风口,而忽略了拼多多在交易额和营业额指

标远逊色于京东的事实,称"拼多多为中国第二大电商平台",这一论述引来行业的广泛关注。2019年上半年另一机构数据显示,拼多多App的30天用户留存率较2017年年底提升11%,拼多多App的7天留存率则高于所有竞争者。2018年上半年,一直把重要战略资源和精力全部投入到巩固已有优势和地位的阿里,猛然发现最主要的竞争者不再是京东,而是来自拼多多代表的社交电商。拼多多依靠实际业务增速和用户规模扩张速度,加上市场看好,让阿里和京东倍感压力。拼多多已然成为搅动电商市场最大的"鲶鱼"(见图4-1)。

图4-1 拼多多成为搅动电商市场最大的"鲶鱼"

拼多多是横跨电商和社交的网络平台,社交属性是为培植土壤,做电商平台才是根本目的。作为流量大户,拼多多的电商流量模式对市场格局形成冲击,推动电商广告业的结构性调整。从行业看,拼多多不仅影响到腾讯和阿里，同样影响到电商广告流量售卖模式的更迭。2019年，传统电商的流量价格高达300元/人，拼多多高性价比的流量，为电商广告带来革新的契机，也为电商提供了优质的价值出口。拼多多的标杆效应将催生电商广告市场的质变，鲶鱼效应正在蔓延到包括KOL、红人、短视频广告等在内的其他领域。

二、抖音现象：新技术瓦解旧格局

抖音的火爆让字节跳动初步显示出巨头气象，这是2018年值得关注的现象。从市场角度看，抖音切入电商，带来信息流广告的高效变现，加之字节跳动切入搜索市场，这些动作叠合在一起，不能不让人怀疑其业务欲覆盖全行业的野心。

从业态上看，抖音对市场的全方位扩张，构成了网状的复杂竞争关系。抖音一度被认为是娱乐性平台，不具有媒体属性，也缺乏微博、知乎的舆论空间营造能力。但无论是"奔驰女"事件还是"安全帽"事件，都让抖音表现出制造舆论和穿透圈层的信息传播能力。抖音的视频现场感强，短视频的短小精致更便于浏览和转发。与精英带动舆论方向不同，抖音的信息门槛和爆料门槛更低，便于汇聚更多具有新闻特性的来自第一现场的信息。因此，抖音在很多方面具有对微博功能的替代性，这直接威胁到微博作为舆论中心的地位，让抖音在社交领域对微博形成挑战，那些原本专注微博的品牌开始将预算向抖音倾斜。

从竞争关系上看，字节跳动旗下拥有今日头条、抖音、火山等产品，用户日均总使用时长为32.7分钟。腾讯用户日均总使用时长为75.8分钟，其核心产品QQ和微信二者的用户使用时间之和占腾讯系总时长的69%。表面上看腾讯占有绝对优势，但2017年6月到2019年一季度，腾讯系的用户总使用时长下降11.2%，而字节跳动上涨近10%，抢占了腾讯的部分份额。从短视频到信息流再到社交产品，字节跳动所有主流产品线逐渐向腾讯的领地蔓延。2018年，字节跳动商业变现效率同样高于腾讯。腾讯虽然拿出十多款短视频App与抖音竞争，但并不成功，后选择投资快手。腾讯以快手作为箭头与抖音直接展开竞争，很大程度上是出于对字节跳动强劲增长态势的担忧。

除了下手切微博、腾讯的蛋糕，字节跳动依靠旗下内容矩阵，尝试切入搜索，与百度竞争越发激烈。百度加快内容布局，百度App、百家号、好看视频、全民小视频和看多多，诸多内容型产品明显对标字节跳动旗下产品，内容已是百度核心业务，对外则投资快手、知乎等内容池。"搜索+信息流"模式下，百度以守为攻，试图夺回被字节跳动瓜分的广告份额。字节跳动通过信息流、短视频、算法等优势，向电商、社交、搜索领域大步延伸。以抖音为代表的技术驱动模式，一定程度上代表了流量分配模式的新方向。在大数据、算法和AI的强势推动下，旧市场和旧业态的流量格局已然改变。

三、小程序现象：小宇宙爆掀"去中心化"浪潮

小程序成为BAT的新战场。在人口红利进入下行通道的背景下，超级App用户增速放缓，巨头们把目光瞄向三四线市场，发力渠道下

沉，小程序应运而生。借助小程序，BAT 搭建、完善自身生态圈，圈住大量开发者，截留更多用户。巨头不满足于做超级 App，希望利用日益完善的基础设施，试图改变此前手机操作系统主导移动生态的局面，掌握流量分发权，小程序提供了这种可能性。今天的小程序已然吸引了不同领域的创业者、企业聚集在其平台上，全方位覆盖用户的工作、生活、学习等各个场景，初现生态繁荣景象。对企业用户来说，小程序的"私域流量"摆脱了对平台的过分依赖，能经营自己的商业闭环。对巨头来说，小程序融合线上线下，开创出新的数字化商业解决方案，同时有利于打破 App 时代带来的信息孤岛弊病，开发者、用户和巨头在小程序构建的生态中各得其利，各取所需。

继微信小程序后，百度于 2018 年 7 月推出智能小程序，稍后支付宝小程序于 2018 年 9 月正式上线。此后跟进的还有小巨头今日头条及二线参与者 B 站、360 等。小程序作为"去中心化"的流量工具，是成长于"中心化"模式的老牌企业改造自身的重要依托，是新兴企业扩张市场版图的重要支撑。随着越来越多重量级互联网企业参与开发，小程序市场将迎来广阔的发展空间。小程序的去中心化特质，将从根本上改变互联网的流量模式，甚至有可能导致 BAT 关系的重构。腾讯能否凭借基于小程序的社交新电商对阿里形成威胁？"小程序+内容"能否切入搜索市场，对百度形成压力？腾讯、阿里、百度作为小程序的领军者，能否凭借长久以来形成的竞争优势狙击来自新兴企业的压力？这些问题都需待时日得出结论。

四、"KOL、红人"现象：个体爆发出社交流量节点的能量

除小程序构建的"私域流量"业态，KOL、红人是"去中心化"模式下第二个现象级的私域流量生态。前者代表机构、企业对线上线下融合的新商业进行探索，后者更多是以个体、个性形象出现，强调人设和领袖气质，逐渐呈现出结构化的趋势。公号、视频流量主构成的 KOL、红人，以及在此基础上逐渐专业化和正规化作战的 MCN 机构，近几年之所以成为热点赛道，在于其具有影响社会议题的流量制造能力。KOL 常常通过设置社会化议题制造广泛传播的人群基础，在社会化议题中融入广告元素，将该社会议题作为传播箭头带动广告信息传播浪潮覆盖一定数量人群。这种模式不但对传统广告运作模式形成功能上的部分替代，还催生出一批新的广告机构，培养出大批借势成长的新品牌。

KOL、红人作为传播节点，在流量碎片化及传播社交化的大背景下，逐渐占据重要地位。随着私域流量价值的日益凸显，具有节点营销价值的 KOL 成为打通行业的连接枢纽，在平台大数据、算法和 AI 的帮助下，KOL 的价值进一步释放，甚而成就纳斯达克 MCN 第一股"如涵"。不仅如此，拥有一定数量的 KOL 和网红甚至为自己的粉丝带货，这一现象引发了是否要重新定义互联网广告的讨论。实际上，KOL 和网红带货也应归入内容电商范畴，因为带货能为商家带来直接的销售，是一种直接转化为销售的商业行为。内容即广告，服务即广告，带货即销售，每一种新元素的加入都在丰富着互联网广告的内涵

及外延。KOL营销可以归入社交广告范畴，并因在其传播信息过程中使用短视频，也有纳入短视频广告范畴的合理性。KOL同样是去中心化大趋势下的产物，他们与平台之间表现为共生、共荣、竞合的关系。互联网平台为了重构自身"中心化"的角色地位，大量拉拢KOL和网络红人，试图以KOL的集群效应重新取得流量的分发权。社交领域中的KOL、红人是社交流量节点，不但为腾讯、阿里等网络巨头所看重，同样被微博、抖音、快手、知乎、小红书等新势力大力扶持和拉拢。KOL、网红与其他平台和产品交融渗透所激发的能量，现在还没有真正得到释放。

小结

2018年，具有媒介特质的平台、产品甚至有影响力的个人持续探索广告价值的多种可能性，真可谓"乱花渐欲迷人眼"，让人目不暇接。无论小程序、社交，还是电商、短视频，包括被市场重视的KOL、红人业态，整体上呈现出去中心化模式及对中心化模式改造的冲动。这是新兴模式对固有模式的挑战，是"线上+线下"融合模式对线上模式的重构。"广告"的固有定义被持续刷新，这逼迫每个行业从业者重新思考互联网广告的内涵和外延，并据此做出更明智的选择。

第一节 电商广告

服务于在线市场目标,并为实现线上市场份额过程中所露出的广告营销诉求,称为电商广告。

一、综述:电商营销日益成熟带动电商广告迅猛增长

2019年上半年,电商全行业业绩增长明显,行业头部公司的月度或年度活跃用户同比皆有一定幅度的增长。随着电商行业的整体爆发,互联网头部平台迎来行业的重新洗牌。截至2019年9月3日,市值最高的TOP 6互联网公司排名为:阿里巴巴、腾讯控股、美团点评、京东、拼多多、百度。除了腾讯、百度外,阿里巴巴、美团点评、京东与拼多多皆为交易型电商平台。结合阿里巴巴、拼多多、京东、美团四大平台的财报数据,计算出其广告收入在2019年第二季度(4—6月)同比增速分别为27%、173%、24%、73%,带动了全行业的快速发展,电商广告无疑迎来了高光时刻。

根据中关村互动营销实验室数据显示,2018年互联网广告总收入为3694亿元,年增长率为24.2%,增长率远超广告业整体水平。

交易类平台更具盈利能力。对比交易平台和内容平台的时长和收入,社交与内容产生的收入并未与时长占比形成正相关。腾讯系2019

年上半年总时长占比42%，广告收入占比则为13%；阿里巴巴时长占比为10%，广告收入则占到了30%；字节跳动时长占比为11.7%，广告收入占比为19%。由此可见，交易型平台比内容社交平台具备更高的广告收入能力，主要原因如下：

首先，交易型平台用户对广告天然具有更高的容忍度，相比于内容与社交平台，交易平台广告加载的上限空间更大。以信息流广告为例，拼多多广告加载率约为25%，今日头条约为20%，微信朋友圈则小于10%。

其次，交易类平台具备交易场景，可以更好地为客户提供深度体验服务，因此具有更强的转化率。

电商广告ROI较高。从用户数量与时长来看，电商用户与时长均有大幅增长。2017年1月，电商用户数量为5.64亿户，2019年6月增长到9.97亿户，两年半时间增长76.8%。2018年7月到2019年6月，非一线城市移动电商用户增速超过15%。

2019年6月，一线城市用户人均使用时长增长了19分钟，大幅领先其他城市。用户数量和使用时长的"双升"，带来了较高的转化率和客单价，从而拉动了ROI的增长。

有了高额的广告ROI，电商平台广告主投放意愿逐渐走强。从行业调整上来看，医药和汽车等受到宏观政策与行业环境影响，销售费用下降，广告投放意愿受影响。而餐饮、旅游、家电、食品饮料等以销售为导向，广告更愿意投放到电商平台。

电商对于营销产品的开发日益成熟。从供给端看，电商营销产品的开发日益成熟，从品牌展示到搜索推广再到大数据客户运营，产品矩阵日益丰富，为电商平台带来了不断增高的转化率，尤其是提升了广告的变现率。截至2019年第二季度，拼多多平台整体的广告转化率达到2.6%，阿里巴巴广告转化率达到2.54%。

二、传统电商版图

2018年7月底拼多多挂牌前，京东和阿里间的一系列攻防战成为互联网市场的焦点。竞争导火索源于2018年下半年拼多多披露用户数据，京东和阿里迅速做出反应，开始调整市场战略。2018年到2019年上半年的传统电商市场可分为两个阶段。第一阶段是2018年上半年阿里和京东的二元竞争期；第二阶段是2018年下半年至今拼多多在电商市场上的强势崛起带动市场的连锁反应。可以明显看出，拼多多是新模式对传统模式进行挑战的发起者，阿里2018年下沉速度明显加快，说明已开始逐渐将注意力转向应对拼多多，这让后者也感到了压力。它们之间的竞争焦点无疑是新流量之争，是电商份额之争，体现在营收上则是广告营收新盘子的重新分配。阿里和京东既要维持其基本盘，同时也要着手争夺新市场。

（一）基于中心化流量模式下的电商广告红利已完结

"销售导向"是电商广告的突出特征。依靠大数据和算法支持，电商平台形成商品推荐、展示等丰富的广告体系，包括直通车搜索广告、固定购买的广告资源位CPD和竞价广告RTB等。相比传统品牌广告，电商广告是五大类广告中距离转化漏斗更近的广告类型。依托以中心化为特征的电商巨头平台，理论上能带来更多的转化，但近几年传统电商的中心化模式进入瓶颈期，一方面是因为平台用户量趋稳，流量增加越发困难；另一方面是因为平台入驻的商户不断增加，相互之间的竞争越来越激烈，流量（电商广告）价格大幅攀升，商户获客成本提高。

根据商务部最新数据，2018年中国网络购物增长23.9%，相较2016年的49.7%和2017年的33.3%，增速放缓，市场进入存量时代。同时，淘宝、京东等平台竞争日趋白热化，2013年电商获客成本为每人30元左右，2017年暴涨到250元。到2018年年末，京东、阿里等平台获客成本已超过300元，传统电商成为竞争红海。

从2018年7月开始，利用"猜你喜欢""搜索"等，淘宝将流量导向转化效率更高的品牌，转化率较低的品牌获得流量的机会越来越少。商家迫切需要自建、自营或寻找新的低成本流量。这意味着中长尾商家无法在传统电商平台买到高性价比的广告，越来越不适应传统电商广告模式，逐渐从传统电商平台溢出。这一现象与中小微广告主正在成为中国互联网市场重要增长极的市场发展轨迹背道而驰，阿里、京东已感觉到客户流失的压力。

截至2019年第二季度，拼多多已积累4.832亿活跃用户，较上年同期增长40.63%，其中第二季度单季增长3990万，高于阿里2000万的增长数字，强劲扩张的势头不减。根据QuestMobile数据显示，过去一年，拼多多的用户增量主要来自二线城市（新一线+二线城市），用户占比从24.2%升至34.7%，2019年6月相较2018年8月增长114.4%。从三四五线城市起家的拼多多正逐步进入主流电商领地，上攻一二线城市策略收效显著。

据财报会议上高盛分析师提供的数据，2019年第二季度中国电商GMV增量中有31%来自拼多多，此前两个季度的占比分别是21%和22%左右。拼多多主要收入来自帮助商家进行营销推广和提供技术服务，广告是拼多多社交电商的最核心收入之一。2019年第二季度拼多多实现营业收入72.9亿元，同比增长169%，超出市场预期。其中，在线营销服务收入达64.67亿元，同比增长173%。受制于成本高企、亏损面较大、GMV变现率低等不利因素，拼多多能在多大程度上改变目前的竞争格局，尚待观察。

（二）市场下沉效果显著，主流电商广告收入企稳

在传统电商存量竞争日趋白热化的背景下，新消费方式的出现和移动社交孵化出的新购物行为，让电商通路发生转变。口碑、信任感和熟人背书，成为影响社交购物的重要因素。依托规模庞大的社交群体，社交电商作为新增长极是2018年电商业的重要特点。拼多多借助拼团、帮忙砍价、以老带新等带动关系链裂变，显著降低商家的获客成本；腾讯电商群落2018年国庆后借助QQ、微信小程序和多个数字化工具，对零售电商行业全面开放社交平台的举动，让淘宝明显感到份额被蚕食的威胁。阿里2019财年数据显示，全年GMV同比增长19%，这一数据低于2018年全国实物商品网上零售额25.4%的增速，相比之下，拼多多2018年GMV的增速则达到了234%。

面对挑战，阿里和京东积极应对，市场下沉是核心战略，这从财报上在一定程度得到体现（见图4-2）。京东2019年第二季度财报显示，该季公司净收入1503亿元，同比增长22.9%，同比扭亏。京东年度活跃用户数3.213亿，较上季度新增1100万，自2018年第三季

度以来，京东连续三个季度实现活跃用户数增长，增速同样逐步放大。这一方面同京东进入商业收割期有关，另一方面与京东切入三四五线市场直接相关。根据京东提供的数据，京东目前来自三至六线城市的用户增速高于一二线城市，新用户有将近七成来自低线城市。按照收货地址看，整体用户里超过一半来自低线城市。

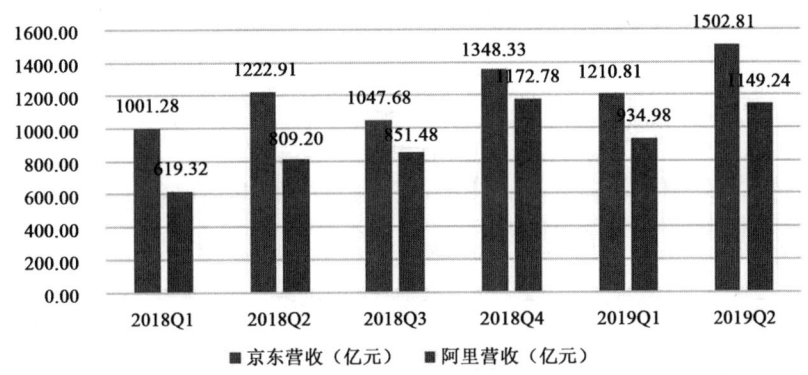

图4-2　2018Q1—2019Q2 京东、阿里巴巴营收增长

阿里巴巴集团截至2019年6月30日的季度业绩显示，集团单季度收入为人民币1149.24亿元，同比增长42%；客户管理收入（线上营销服务收入）为720.73亿元，增长27%，佣金收入增长23%。下沉市场成为淘宝新增用户的主要来源，财报显示，手机淘宝超70%新增年度活跃消费者来自低线城市。根据QuestMobile的数据显示，截至2019年1月，拼多多与手机淘宝的用户重合数目已经达到1.3787亿。

在被微信生态屏蔽的情况下，阿里从内外两个方面实施其社交战略：内部从直播电商迂回抵达；外部通过投资对象或战略合作伙伴如抖音、小红书、趣头条等进行撒网导流。同时，淘系电商平台将信息流算法和下沉市场的用户需求深度结合，通盘规划。

京东重新布局"京东拼购"和达达-京东到家，2018年下半年，达达-京东到家尝试进入三四线市场。目前，达达-京东到家覆盖全国100多个城市，三线及以下城市占比超过半数。据虎嗅消息，从2018年9月开始，微信"发现-购物"一级入口为京东拼购所有。截至2019年6月，京东家电专卖店数量超过1万家，覆盖全国2.5万个乡镇和60多万个行政村。京东试图通过市场下沉防御来自社交电商的威胁。

阿里、京东向下（三四五线）寻求流量，拼多多向上（一二线）进五环，是2018年到目前为止电商领域竞争的焦点现象。从电商这个充分竞争的市场可以看出，流量红利结束并不意味着无法获得流量，也不意味着电商平台之间的用户争夺就是零和博弈，更不意味着获客手段只有刺刀见红的单一手段。从三大平台用户同步增加、平台之间重叠用户增加这一现象可以看出，各平台采取的流量获取方式日益多元化和复杂化，这一现象值得进一步关注。

（三）阿里电商社区化和收购境外电商进军新市场

阿里电商社区化，主要是为适应市场环境变迁和行业更迭。早在2013年阿里投资微博，就试图利用内容社区获取流量为自身电商服务。近几年，阿里对外通过投资小红书、宝宝树、B站等，意在与抖音和快手联手打通电商导购路径，收割优质内容社区，充分说明了阿里对有效的流量入口和"社区+内容"收割用户时长的渴望，推出的淘宝头条、淘宝直播、微淘、淘宝二楼等产品就是明证。2018年天猫平台发力短视频，主要源于短视频内容会影响品牌搜索权重的考虑。

阿里密集投资内容社区有几方面的原因。首先，这是出于防守拼多多这类社交电商迅猛发展的考虑。内容社区不仅能获得新增量,还有利于借助较高的用户黏性和良好的社交关系,发展内容电商和社交电商,对拼多多等挑战者形成反制。

其次,在自有平台自建内容、社区,与用户建立紧密联系和信任关系。基于内容社交的关系链,粉丝与商家、粉丝与粉丝、粉丝与红人之间在长期互动中建立起相互信任的基础,有利于保持并持续提高阿里的电商转化率,从而帮助商户解决用户黏性的问题,为淘宝提高用户留存和停留时长。

再次,增加平台黏性可以在一定程度上降低商户过高的营销和广告费用,同时拉低阿里从外部的流量购买费用和购买频率。

从广告运作上看,社区化和内容化是利用社交和内容来解决流量进一步碎片化和圈层化不利影响的应对之举,意在对高速发展的社交电商和内容电商广告市场实现有效截留,从而维持阿里作为主流电商广告霸主的地位。

除了在内容和社区上积极布局外,阿里还通过收购重要电商标的来对新市场进行截留。2019年8月,阿里巴巴考虑以20亿美元现金收购网易考拉。各类数据机构发布的市调中,天猫国际和网易考拉位居前两位,两者相加的进口电商市场份额已超过50%。据商务部《2018年中国电子商务报告》数据,境外电商是2018年中国电商细分类别中增长率最高的,同比增长50%,超过中国网上零售平均增速26.1个百分点,超过农村电商19.6个百分点。跨境电商作为消费升级的主要受益领域,是下沉市场外各方争夺新增量的重要板块。

通过收购考拉阻击拼多多的扩张,获得更多的竞争优势,更可能

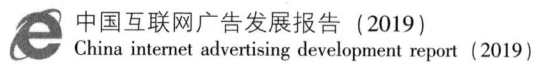

是阿里收购考拉的深层次原因。

据相关数据显示,2019年第一季度,天猫国际已超越网易考拉,与天猫国际强劲增长相比,网易开始出现下滑态势。因此,天猫国际收购考拉的意图不仅是市场份额的问题,更是为了防止拼多多在电商领域的高速扩张。流量规模作为电商营收的基本盘,说到底是对潜在新市场的卡位。当主流电商流量逐渐向外部溢出,为确保市场的新增量和在主流平台外获得爆发式增长,对新渠道进行收购未尝不是一种明智的选择。从广告角度看,随着新增量和新电商广告逐渐进入收割期,阿里对考拉的收购,同样可以理解为对上游流量库进行水源补充,从而维持其庞大体量的稳定性增长。

三、前后两阶段各有侧重的竞争关系

(一)前一阶段:京东、阿里攻防战

传统电商进入存量竞争后,阿里、京东对市场的争夺趋于白热化。2017年12月,京东联合腾讯,向唯品会投资8.63亿美元,试图强化其在女性消费者与时尚服装领域的主导地位。2018年年初,京东组建大快消、电子文娱与时尚生活事业群。快消与时尚生活领域是阿里的传统优势业务,京东的布局已侵入阿里腹地。

阿里2015年投资苏宁易购19.99%股份,天猫引进苏宁易购,借助苏宁易购在家电、3C领域的积累对京东商城形成制衡。2018年2月,阿里战略投资居然之家54.53亿元,占股15%。自此,阿里覆盖天猫、苏宁易购、银泰商业、盒马/大润发、居然之家、口碑、农村淘

宝与零售通，在家电数码、快消商超、服饰百货、餐饮美食、家装家居的新零售全业态形成完整布局，挖掘传统线下用户，并在实物电商领域筑起高墙，以平衡京东的优势。

2018年4月，阿里联合蚂蚁金服，以95亿美元收购"饿了么"，与"口碑"组合，在生活服务电商领域形成覆盖到店、到家业务的优势，应对另外一个潜在竞争对手"美团点评"。这场传统电商领域的攻防战，很快被下半年的社交电商、内容电商迅速崛起所淡化。

（二）后一阶段：阿里、京东、拼多多形成新三角

阿里巴巴2019年6月季度财报显示，该季度营收为人民币1149.24亿元，同比增长42%，相比上季度同比下降7个百分点。阿里巴巴核心电商业务收入同比增长44%至995.44亿元，营收占比87%；云计算、数字娱乐、创新业务分别贡献77.87亿元、63.12亿元、12.81亿元，营收占比分别为7%、5%、1%。该季度移动端月活跃用户数7.55亿，较上年同期增长19.09%。

京东集团2019年第二季度净收入达到1503亿元人民币，同比增长22.9%；非美国通用会计准则下，净利润36亿元，同比增长644%。截至2019年6月30日，京东过去12个月活跃用户数达3.213亿，比上一季度增加1080万。

拼多多2019年第二季度实现营收72.90亿元，较上年同期的27.09亿元同比增长169%，较2019年一季度的45.452亿元增长60%；拼多多App平均月活跃用户数达3.66亿，较上年同期的1.95亿同比增长88%，较一季度的2.897亿单季净增7630万。截至6月底，拼多多平台年活跃买家数达4.832亿，较上年同期的3.436亿同比增长41%，净增1.396亿。得益于用户的快速增长，2019年上半年，拼多多平台订单量突破70亿单。截至2019年6月30日，拼多多GMV达7091亿元，较上年同期的2621亿元同比增长171%。

四、电商新市场

截止到2019年上半年，电商市场除了带来新三角格局的拼多多外，还有两个重要变量值得关注：一是腾讯社群电商群落，二是内容电商，两个市场都是下沉红利的获益者。从竞争关系看，无论拼多多、京东还是腾讯社群电商，无疑都成为腾讯进入阿里传统优势领地的重要筹码，势必推进阿里和腾讯双巨头竞争的激烈程度。

从电商广告角度看，广告不但是阿里最为核心的收入来源，同时也是腾讯未来的核心增长极，是形成二者竞争关系的关键要素，必将搅动中国互联网的整体格局。

（一）社交电商广告成为电商广告蓝海

根据《2019中国社交电商行业发展报告》，2019年社交电商保持高速增长，预计市场规模达20605.8亿元，同比增长高达63.2%。2019年社交电商消费者人数已达5.12亿人，成为电子商务创新的主要力量。预计2019年社交电商占网络零售规模的比例将超过20%，2020年社交电商市场规模占网络零售的比例将超过30%。

根据尼尔森《2019泛社交电商深度研究报告》的数据，过去5年社交电商年复合增长率高达100.6%，渗透率从2013年的2%增长至目前的11.9%，未来仍将保持较快增速。

社交电商对人群的大规模渗透及不断提高的购买频率，给社交电商广告变现提供了广阔空间和厚实基础。社交电商是以"人"为中心进行分享式售卖，以此来制造和产生流量，提高营销及运营效率。作为快捷、便利、经济的商品流通方式，加上拼多多带来的标杆效应，社交电商被广泛认同。

与传统电商类似，广告营销项的变现同样作为社交电商的核心收入，成为支撑社交电商发展的核心要素。同时，随着无法承受平台高额获客成本的中小商家向社交端迁移，部分流量将流出主流电商平台，阿里、京东的潜在广告份额将受到侵蚀。

2018年下半年，拼多多、"如涵"、"云集"等一批社交电商上市，阿里重启"聚划算"，苏宁推出"乐拼购"，腾讯为微信生态中小电商商家推出服务工具。除此之外，蘑菇街、小红书、抖音、快手纷纷将业务拓展到社交电商领域，社交和电商的融合成为2018年中国互联网的典型现象。

随着社交电商用户规模与主流电商用户规模的逐渐拉近，电商广告的增长极从传统电商转向社交电商。随着一线城市消费者自我认知水平的提高，更多消费者尤其是年轻消费者，愿意通过共同兴趣和话题来组建社交圈，且更倾向于信任兴趣圈同好的评价和推荐，这驱动着电商运营者不断构建兴趣导向型的社交电商来更有效地触达消费者。相比于一线城市，三四线城市消费者更相信熟人网络，通过熟人拼团的低门槛购物方式逐渐兴起。目前淘宝、京东B2C、C2C等传统电商渠道仍是主流购物平台，但使用社交电商渠道的网购消费者已达到80%，参与拼购类的消费人群渗透率已达57%。

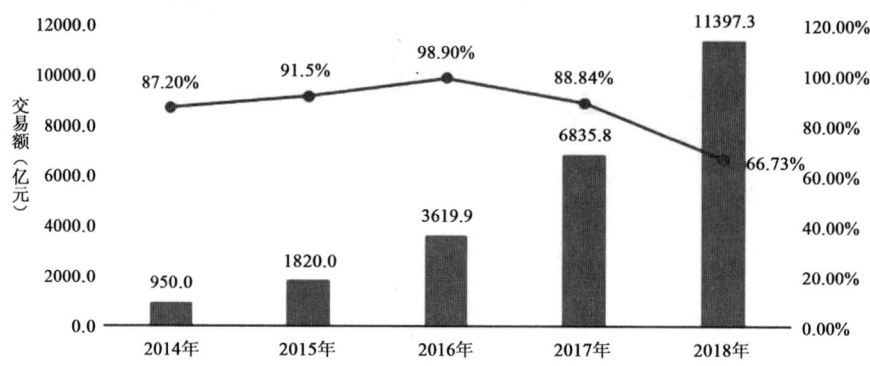

图 4-3 2017—2019 年社交电商增长趋势图

数据来源：国家统计局。

（二）内容电商对电商广告的边界拓展

内容电商作为社交电商的重要分支，在 2018 年市场格局中的重要性逐渐得到凸显。KOL、红人及基于小程序的机构企业，通过内容将平台公域流量转化成私域流量完成商业闭环，逐渐摆脱对平台的依赖，这已成为市场的共识。作为新型移动互联网服务的短视频，用户增长迅速且黏性不断加强，目前尚未完全放开商业化进程。短视频信息流形式实际上更贴合用户的需求，对于有效提升广告转化率有巨大的潜在应用空间。

使用优质内容来影响、引导消费者购买的内容电商，是对传统电商的创新，消费者决策行为需重新定义。在供应链的选择上，通过内容筛选出最合理、最符合消费者预期的高价值产品，作为分析市场热度的有效手段，有助于预测爆款产品。

值得关注的是，短视频和直播作为电商平台更具表现力的形式，开始成为内容电商的热点。由视频流量主构成的内容电商群落，逐渐成为推动电商更迭的主要力量。已步入电商化轨道的小红书、抖音、快手等，被视为内容电商中新兴力量的代表。电商行业玩家从传统电商转向内容电商，是用户思维的商业转换。内容电商以用户为中心，通过精耕细作提升转化和留存，其价值在于将公有流量代表的公共客户，转化为商家的私有资产。相比拼多多为代表的社交电商和社交类电商广告，内容电商作为社交电商的新型分支，同样开拓了电商的原有边界，对于电商广告的内涵延展而言意义更大。

内容电商的主要收入包括两大项：广告营销收入和带货。在业态和商业模式不断更迭的当下，带货很好地融合了电商和广告的优点。从呈现形式上看，带货更接近于广告；从用户行为上看，带货是电商行为。因此，本报告倾向于认为，基于内容电商的带货行为，同样可以归到广告的范畴。随着传统电商压力的逐渐增大，主流电商平台已开始着手推进电商内容化。加入这一进程的除了阿里、京东外，还有小红书、抖音、快手等新兴平台。小红书通过内容种草成为中小品牌的必争之地。抖音、快手开通直播电商，与主流平台展开合作。蘑菇街为培养直播网红，开展网红经纪业务。移动资讯平台、直播平台也纷纷进军内容电商。

在短视频浪潮的推动下，KOL 红人的影响力再次达到新巅峰。他们借助抖音、快手等流量巨大的短视频平台，通过发布自己的原创内容，迅速成长为不同圈层的意见领袖，并凭借基数庞大的粉丝群构建起自己的盈利模式。除了接单广告这种最为普遍的变现方式外，电商成为重要选择。相比于互联网广告，内容电商提供的内容从某种程度上来说更加客观、公允，也更具可读性，更容易得到用户的青睐。在内容平台为创作者商业化变现提供的强大技术支持下，内容电商的发展前景较为乐观。

（三）社群电商生态繁荣，小程序推动电商广告增长

现阶段，小程序是为数不多的仍可以享受流量红利的产品。根据 QuestMobile 数据，MAU（月活跃用户）超过 100 万的微信小程序数量有 883 个，同比增长 99.8%；MAU 超过 500 万的微信小程序有 180 个，同比增长 35.3%。实用工具、生活服务和移动视频类中均出现多个 100 万量级以上的小程序，移动购物类小程序则趋于向头部集中，500 万量级占比大幅增加。

根据微信团队提供的数据，现阶段小程序周使用次数同比增长 70%，人均使用小程序数量的增长率为 156%，人均分享数量和人均支付数量的增长率分别为 38% 和 109%，50 岁以上的小程序用户增加 22%，活跃小程序增长率超过 100%。小程序不仅为社群电商提供客户管理体系，更提供服务系统，通过有效运营社交工具来激活用户，进而将用户沉淀为品牌私产，小程序的繁荣无疑将带动社群电商的崛起。

社群电商的主体是依托微信生态的电商群落。腾讯"智慧零售"通过公号、小程序、支付、云计算、社交广告等数字工具，进行数字化变革，升级数字化体验。相比于支付宝小程序、淘宝小程序、百度和字节跳动等，微信连接用户和服务方面拥有巨大优势。对基于小程序的电商群落而言，围绕流量私产化进行的商业化路径，主要依赖带货、广告和增值服务。广告和带货占到小程序商业变现的绝大部分，必然会蚕食传统电商平台的广告市场份额。

2018 年，益普索公开发布《2018 第三季度第三方移动支付用户研究报告》表明：淘宝（移动端、PC 端）用户规模月活 4.5 亿，微信月活突破 10 亿，用户每天使用微信时长超过 100 分钟；支付宝渗透率

为68%；微信支付渗透率达85%。淘宝和微信间的用户差恰是电商新增量的主力人群，也是社群电商努力开拓的新市场。拼多多上市前急速扩张的基础便是淘宝和微信间5.5亿活跃用户差值对应的用户群。对于拼多多、云集及在腾讯小程序上开店的垂直电商、社交新品牌或个人卖家来说，微信社交关系链不仅解决了电商信用问题，还通过流量裂变降低了获客成本。

与京东、淘宝等平台资源日益向头部品牌集中引发的中长尾商家陷入生存困境形成对照，微信的电商群落则具备孵化新品牌的能力。据QuestMobile数据显示，2018年1月，微信小程序月活跃用户突破4亿，总用户渗透率为43.9%。截止到2018年6月，已有95%的电商平台接入小程序，购物类小程序占小程序总量的17%。数据显示，对于垂直电商而言，小程序转化率远高于独立App，前者约为后者的两倍乃至更高。

微信公众号商户应用小程序占比以及不同行业商家微信小程序应用占比如图4-4、图4-5所示。

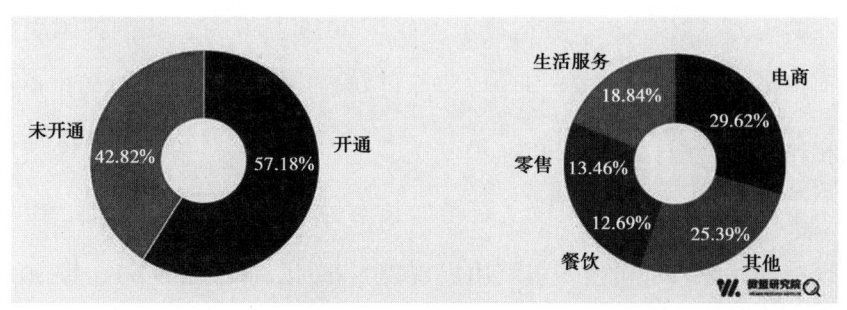

图4-4　　　　　　　　　图4-5
微信公众号商户应用小程序占比　　不同行业商家微信小程序应用占比

第二节 搜索广告

根据用户搜索意图,在搜索过程或结果中露出的广告主诉求,称为搜索广告。

一、综述:搜索市场的去垄断化与 AI 化

2018 年,搜索领域的竞争日趋激烈,传统搜索引擎和基于移动平台的搜索产品围绕市场份额以直接或间接的方式展开争夺,全覆盖、粗放化战略与垂直化、精细化战略,在 2018 年的分野渐趋明显。搜索在两条路线上各行其道,但前者无疑面对更多的质疑,而后者以移动优先作为战略指导,代表了行业的发展方向,传统搜索引擎面对日益增大的压力。据 CNNIC 数据显示,截至 2019 年 6 月,我国搜索引擎用户规模为 6.95 亿,网民使用率为 81.3%,与 2018 年 12 月的用户规模相比,半年增长率为 2.0%。

中国 PC 搜索用户规模呈缓慢增长态势,同比增长率较低,市场呈现饱和状态。手机搜索引擎用户规模 6.62 亿(见图 4-6),较 2018 年底增长 806 万,占手机网民的 78.2%,基本与传统搜索引擎规模相当。搜索市场一分为二,PC、移动各占一半,传统 PC 搜索正在失去先前的优势地位。

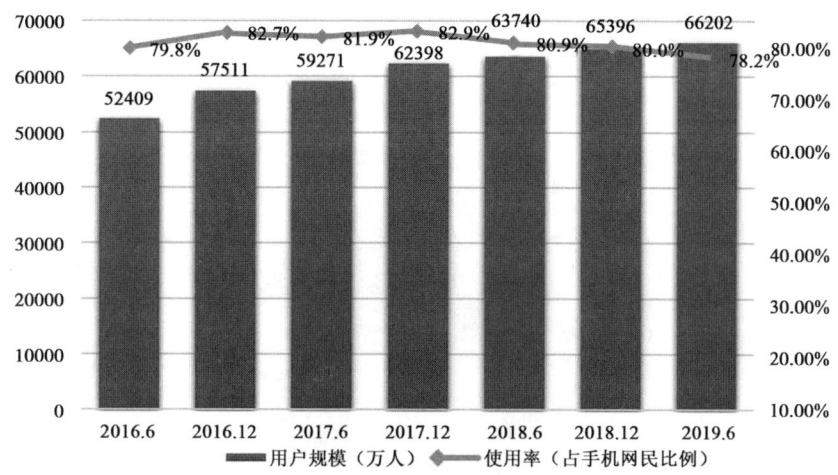

图 4-6　2016—2019 手机搜索引擎用户规模及使用率

资料来源：CNNIC 中国互联网络发展状况统计调查。

根据 CNNIC 的数据，截至 2018 年 12 月，我国搜索引擎用户规模达 6.81 亿，使用率为 82.2%，用户规模较 2017 年底增加 4176 万，增长率为 6.5%。截至 2019 年 6 月，搜索引擎用户规模达 6.95 亿，较 2018 年底增长 1338 万。面对 2018 年短视频、直播等高速扩容的市场，2018 年搜索广告的增速高于预期，一定程度上得益于信息流的推动。在未来两到三年内，信息流广告对搜索企业营收的持续拉动作用将会不断增强。2018 年中国搜索引擎企业营收增长率开始呈下降趋势，预计 2019—2021 年这种下降趋势会继续。

搅动搜索市场格局的力量并不只存在于原有搜索市场内部，而是移动优先的整体大趋势，即让百度感到巨大压力的是移动时代去垄断化的价值生态。在日益复杂和趋于分割的市场环境下，已无法孵化出百度这样的搜索巨头。搜索正在下沉为基础功能，流量和内容被各类

App分而食之，垂直化的搜索市场正在成为超级App的潜在业务标的。2019年1月中国搜索引擎综合市场份额如图4-7所示。

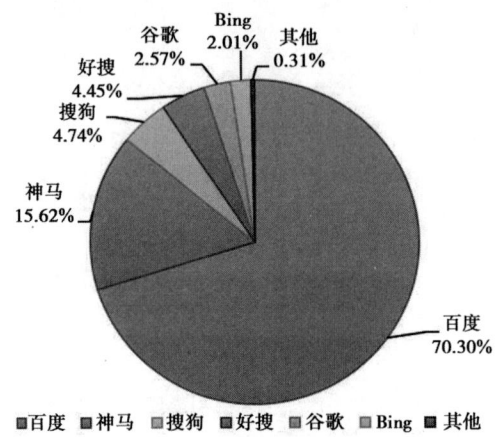

图4-7 2019年1月中国搜索引擎综合市场份额

面对信息过载的环境，用户对搜索引擎提供的答案往往并不满意。移动时代的用户越来越强调通过值得信赖的平台进行信息整合，以获得更好的答案。随着人工智能技术的介入，智能程序能根据用户下载、分享、评论或收藏的内容来识别其兴趣范围，主动向用户推荐需要的内容，这与传统搜索模式中以页面内容为核心确定推荐权重的方法大不相同。人工智能搜索引擎能够让内容主动寻找用户，而非由用户自己去找内容，传统搜索模式下的搜索广告正在失去价值基础。搜狗提出的"搜索引擎本身就是一种AI"的观点正在得到越来越多人的认可，发力AI实现人机交互，被认为是每个搜索引擎公司的未来方向。数据日益成为核心资产。依靠大数据可以把全部历史数据进行收集、统计进而做规律推演，这就是当下大数据分析、挖掘和机器学习所做的工作，智能化的信息和数据处理方式已成为所有传统搜索引擎转向的最重要方向，对用户的精准画像变得更易于实现。信息的精准性和整合度越来越高，一方面让基于传统模式的搜索广告价值日益衰减，另一方面却让搜索广告的边界日益得到延展。

二、PC 端搜索：市场格局板结，活力减弱

PC 端流量颓势已现，移动端红利逐渐消失，各巨头纷纷遭遇增长的天花板。截至 2019 年 1 月，国内搜索引擎公司主要包括百度、360 搜索（好搜）、神马搜索、搜狗等。移动搜索领域，神马搜索背靠阿里和 UC，2017 年就已超过好搜、搜狗，位居次位。StatCounter 数据显示，2017 年 8 月搜狗搜索仅占据中国搜索市场份额的 3.95%。百度占据中国搜索市场份额的 70.3%，第二大搜索引擎是阿里巴巴旗下的神马搜索，市场份额占比为 10.36%，而神马搜索是在没有切入 PC 端的情况下，仅凭移动搜索业务就超过了两大传统搜索公司。从 PC 端看，整体 PC 流量处于下滑通道，PC 端广告曝光量因而下降。秒针监测数据显示，相比于 2018 年 1 月到 6 月，2019 年同期 PC 端整体广告曝光量占比降至 15.6%，曝光量降幅高达 32%；移动端较为平缓，占比有所上升，但曝光量下降 2%。百度网页搜索环比下降 1.6%，360 网页搜索环比下降 2.4%。现阶段，因为 PC 端依然作为搜索引擎的基本盘，市场份额的下降影响了搜索广告的整体发展态势。

（一）PC 搜索广告市场增长停滞

PC 端搜索引擎作为用户日常工作、学习的基本应用，其价值将长期存在。但随着移动端分流的加速，PC 市场在搜索引擎公司中的战略

地位正在下降。现阶段PC端搜索市场依然发挥着头部效应,百度以市场份额超过70%的绝对优势领跑PC搜索市场,360和搜狗则分食剩下不到30%的份额。浏览器曾是PC互联网的主要流量入口,是百度、腾讯、360等竞争的重点。但在2019年4月,百度浏览器停止部分更新,停更产品包括桌面百度、百度工具栏、百度地址栏、百度极速浏览器、hao123浏览器,2019年9月29日百度PC浏览器正式发布停止服务公告。PC入口竞争显示出终结态势,PC端搜索进入存量时代。随着移动端持续下沉,PC流量进入萎缩已是必然。市场于2013年到2017年进入饱和后,营收端的滞后效应结束。对比2018年3月与4月中国PC端各类网站覆盖人数及环比增长率,从搜索服务、在线视频、新闻资讯到社区交友、电子商务、休闲娱乐、媒体首页等,目前均下降1%~6%。

以PC端为主要市场的三大搜索引擎,其市场表现情况总体不尽如人意。百度2019年Q1财报继上个季度净利润下滑后,出现了季度亏损,这是百度自2005年上市后第一次出现季度亏损的情况。Q2总营收263亿元,同比仅增长1%。随着PC端逐渐萎缩,百度搜索业务触到"天花板",对营收和股价提振的作用开始减弱。考虑到信息流对百度增长率的贡献,可以认为百度在PC端的搜索业务已出现停滞。搜狗2017年Q3至2019年Q2财报显示,营收总体徘徊在2.5亿~3亿美元间,营收增长乏力。2019年Q1财报中显示净亏损390万美元,这是搜狗上市以来首次由盈转亏。2019年Q2未经审计财报显示,其总收入为20.7亿元人民币,增长乏力愈加明显。用户使用电脑和浏览器的时间大幅减少,被动信息推荐正在替代主动搜索行为,大量App

对 PC 端用户形成分流，所有这一切加剧了传统搜索广告潜在市场逐渐萎缩的境地。

（二）AI 助力搜索广告智能化、垂直化、个性化发展

在已达到饱和状态的 PC 端搜索市场，几家传统搜索引擎公司近乎垄断的竞争态势抬高了新入者的门槛，迫使它们从比拼流量向注重搜索体验的方向发力，展开迂回进攻，将搜索带入个性化服务及垂直化发展的新阶段。搜索引擎纷纷引入 AI，将数据处理能力从文字向图片、音频和视频等多媒体领域延伸。

当前的搜索引擎忽略了搜索用户个体间的差异，而个性化的搜索技术却能根据用户画像，提供符合用户个性需求的搜索服务。个性化搜索通过采集和分析不同用户数据，来学习不同用户的行为和爱好，从而实现对不同用户进行差异化信息匹配的目的。更深入理解用户意图和内容进行精准匹配，这会使搜索引擎更智能、更有竞争力。尤其是在自然语言交互正在成为搜索引擎的主要交互方式的背景下，用户可以和搜索引擎进行对话。搜索正在超越现有的搜索引擎的范围，嵌入到各种产品当中。搜索广告从原来的基于主动搜索行为的广告形式，过渡到基于信息的智能匹配，这导致先前的搜索广告概念的有效性面临挑战。未来基于智能匹配推送给用户广告的经营行为，不排除有脱离现有搜索范畴的可能性。

现阶段，无论是百度还是谷歌，这些搜索引擎巨头在技术上推动从文字理解向图片、语音解读升级已有较大进展。背靠人工智能和机器学习，深度融合计算机视觉、语义识别等多项技术，在对话交互中基本能做到跨平台、跨应用完成某些相当复杂的指令。对于搜索引擎

而言,这种能力可以解决移动时代信息孤岛的弊端。语音作为日益成熟的新网络入口,既是搜索所要抢占的山头,同时又不限于搜索领域,而是发展为移动时代应用广泛的"助手"角色,帮用户获取信息并完成指令和任务。面对即将来临的5G时代和万物互联局面,人和信息的连接方式将彻底扭转,智能硬件将成为搜索的一部分,百度、谷歌等巨头重资投入语音音响市场的最新动向充分印证了这一点。搜索交互界面除了键盘、鼠标外,声音和图像会越来越广泛地得到使用。伴随语音和图像处理技术的快速更迭,新的搜索模式正在出现,搜索广告正面临着更多的可能性。从五大类广告的形态变化来看,搜索广告的变化可能是最具颠覆性的。搜索是最早对机器学习、大数据和AI进行运用的领域,这些技术又被普及到几乎所有互联网广告当中。当搜索失去其固有领域而被广泛使用于其他产品和应用当中,意味着搜索广告作为一个独立领域的行业护城河行将被打破。

(三)竞争关系:市场格局稳定,变量依然存在

根据CTR提供的数据,截止到2019年Q2,国内PC搜索领域的百度、360、搜狗,人群覆盖率分别为79.8%、40.2%、37.5%,流量份额分别为66.6%、16.9%、14.7%,百度一家独大,百度、360和搜狗三强并峙格局未变。百度搜索进入市场较早,拥有庞大的用户群,强势占据PC搜索市场大部分份额。随着PC搜索市场固化,整体规模逐渐进入下降通道,PC搜索市场格局的稳定性将进一步增强,搜索引擎公司竞争重点向移动端转移。由于这些公司在技术、内容、渠道、营销等多方面积淀深厚,行业壁垒高,新的参与者虽然有进入意愿,但短期内很难对三者的PC市场形成威胁,但是否值得进入还是个问题，PC 市场显然已不再是战略性市场，基于移动端、智能互联、新交互形式开辟新市场更有吸引力。

虽然 PC 搜索市场格局稳定，但内部份额争夺的变量因素依旧存在。百度的 PC 端搜索份额虽然最高，占有绝对优势，但相比往年，这种优势不再绝对化。由于近几年受到口碑、用户体验困扰，加上百度频繁的人员架构调整和业务反复，市场份额日益被竞争对手蚕食。

三、移动搜索：巨头主导市场，语音成为最大变量

相较于 PC 端搜索重视浏览器，移动端入口则更为丰富，出现微信搜索、输入法等入口，用户使用移动搜索更为碎片化、日常化。2019 年上半年，中国移动搜索用户规模依然处于扩张状态。CNNIC 数据显示，截至 2019 年 6 月，我国搜索引擎用户规模为 6.95 亿，手机搜索用户规模 6.62 亿。PC 端和移动端用户规模基本持平，从 PC 端向移动端的用户迁移基本完成。数据还显示，虽然百度身处衰退通道，但在移动搜索市场仍然为搜索用户首选。神马搜索在移动端的市场份额虽然和百度有很大差距，但增幅近 4%，其增长率在各移动搜索企业中排名第一。

在日益丰富的搜索工具面前，用户使用偏好也日益显现出来，主流移动搜索品牌用户在各垂直领域的搜索偏好各不相同。百度搜索用户更爱搜索金融、教育信息，神马搜索用户则对汽车、游戏内容更感兴趣。六成用户移动搜索平均每次使用时长在 5 分钟内，碎片化使用特点使搜索的即时性更受关注，接近四成的用户选择搜索引擎时最先

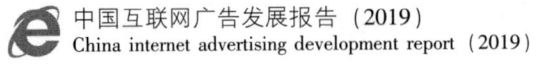

考虑的是即时性和便利性。

(一) 内容巨头加紧布局，细分市场日益分流

据CTR数据显示，以用户覆盖作为标准，2019年第二季度，在移动端用户覆盖度上，百度达到81.8%，搜狗则达到34.8%，神马为13.7%，位居行业前三。考虑到用户覆盖规模和市场份额没有绝对关系，加上神马搜索垄断的商品搜索距离转化漏斗底部更近，商业化效更好，很难判断搜狗和神马在移动端谁更处于领先地位，神马搜索显然更引人注目。

同时，考虑到还未商业化的微信搜索及拥有海量内容的字节跳动，搜索引擎公司的优势也无法说明市场的真正状态。微信的"搜一搜"接入公号、腾讯新闻、天天快报等，字节跳动自建搜索事业部，搜索扩展到头条、头条号、抖音、西瓜、火山、微头条和问答等自有内容池，百度、360则被屏蔽在外。如今流量的分配呈现出以巨头为中心圆的多元格局，搜索盘子逐渐块状化，缺乏巨头养成的土壤。原本属于搜索引擎们的流量版图逐渐被各类超级App所蚕食，尤其那些拥有超级App矩阵的巨头如腾讯、字节跳动、阿里等，开始将搜索作为其市场扩张的分支业务，威胁到百度、360、搜狗的生存基础。截止到2019年8月，百度的市值近400亿美元。曾以行业颠覆者形象出现的360，自2018年2月借壳在A股登陆后，长期处于股价滑坡阶段，截止到2019年8月，360最新市值在1000亿元人民币左右徘徊，市值缩水3000亿元人民币。搜狗市值同样出现大幅下滑，从高峰时期的50亿美元下降到如今15亿美元左右。PC端市场饱和，传统搜索引擎业务触碰到天花板，同时缺乏在移动端的有效拓展，市场普遍看衰传统搜索引擎在移动端的表现。

背靠腾讯，搜狗通过手机 QQ 浏览器、微信公众号、知乎等，原本在移动端拥有优势，这也是搜狗能够在传统搜索引擎领域拥有与 360 抗衡实力的重要原因。但淘宝网在 2008 年屏蔽百度以后，神马搜索前有 UC 支持，背靠阿里系，是唯一可以抓取淘宝商品信息的搜索引擎，逐渐成为移动搜索市场的重要力量，这让原本在移动端拥有优势的搜狗的实力逐渐削弱。

除个互联网巨头和超级 App 对传统搜索引擎步步紧逼外，在各个垂直领域，传统搜索引擎同样面临压力。比如，丁香医生、好大夫、春雨医生等医疗 App 迅速发展，以较好的口碑和专业性，开始被用户接受，逐渐分流原本拥有一定优势的百度搜索引擎在医疗搜索领域的份额，百度不得不寻找技术外的出路。作为搜索引擎最核心经营模式的搜索广告，偏爱那些拥有流量的内容巨头、垂直产品和信息流。尤其是信息流，作为对主动搜索行为的替代形式和最为下沉的商业模式，对搜索流量的分流日渐严重，无论是现阶段的搜索广告市场还是潜在市场都是如此，碎片化成为搜索广告无可避免的趋势，传统搜索引擎在移动端日渐式微势在必然。

（二）搜索巨头自建内容，商业模式不止于广告

就像二十年前一样，面对无有价值信息可搜的搜索引擎只能自己发展内容，百度已初步搭建覆盖图文、资讯、音频、短视频、在线视频、小程序等全方位信息的内容生态，依靠搜索引擎为自有内容做分发。此外，百度还投资快手、知乎等内容平台，为存在信息源不足风险的内容池补充外部内容。同时，信息流作为内容产品和商业模式得到战略性重视。2018年到2019年上半年，百度依靠内容带来的信息流量领先行业，试图扭转传统搜索市场停滞的局面。

除内容外，面对急速萎缩的盘子，传统搜索引擎在各类垂直App领域外寻找新市场。比如，搜索应用虽然有大量医疗平台，尚没有一款医疗超级App。搜狗将医疗作为垂直领域的一个搜索模块，以垂直搜索产品"搜狗明医"弥补综合搜索的价值短板。为适应移动搜索注重交互多样化的需求，百度向市场推出语音智能硬件，试图让语音搜索成为俘获用户的利器，目前已初见成效，语音用户已形成一定规模。

目前移动搜索广告形式主要包括开屏广告、信息流广告和搜索广告。信息流广告因其流量更大、算法较竞价更为领先、目标用户定向更精准、用户体验更好，而受到移动搜索平台的青睐。无论是无广告搜索引擎"简单搜索"、神马搜索微网站还是搜狗律师的AI法律咨询，各大公司通过完善创新产品，创造良好内容生态，以期待实现后续引流。2018年百度持续发力信息流业务，在用户迅速增长与百度视频产品强劲表现的双重拉动下，信息流成为百度营收增速的一大亮点。

移动搜索虽然潜在市场很大，但没有清晰的商业模型，这让移动搜索竞争充满不确定性，这也是传统搜索焦虑的焦点所在，因为曾经的优势要想变成胜势存在太多变数。随着信息处理的日益智能化，用户的主动搜索行为正在弱化。更高效的信息处理和获取方式，让搜索广告的概念变得越来越模糊，构建在搜索基础上的广告商业模式，开始向为用户提供个性化服务转移。搜索引擎从原本的流量广告模式，转向服务机构的角色，从卖广告转向卖体验。搜索引擎将依然作为信息处理的中枢角色而存在，面对不同用户，将会给出不同的信息输出方案。从这个意义上说，搜索广告存在的基础还在，但不再会是搜索引擎唯一的价值出口和商业变现路径。

(三) 智能语音拓展搜索价值新空间

随着 Alexa、Google 助手和 Siri 等语音助手已形成标杆效应，语音交互领域正在形成规模可观的用户群和潜在用户群。美国投资机构 Mangrove Capital Partners 认为，截止到 2019 年上半年，语音识别（语音转文字）和自然语言处理（识别文本中的指令）两方面获得了相当大的进步，语音系统的单词识别准确率已超过 95%。语音提供了更自然、更便利、更高效的沟通方式，将成为人机互动接口的重要形式。

用户开始习惯使用语音来完成搜索和其他任务，智能语音正在成为互联网的新热点，也是搜索引擎发展的方向。现阶段文字搜索虽然还是用户最常用的方式，但语音搜索增长迅速，语音搜索用户已初具规模。智能语音作为结合 AI 的新型交互方式，主要目的是致力于帮助用户达成任务。语音搜索距离商业化较近且自然延伸到搜索引擎的业务范围，成为很受重视的应用分支。2018 年，用户使用智能语音助手关注的内容调研结果显示，语音、语义识别的准确度排在第一位，不断改善语音的用户使用体验，对于提高用户黏性作用明显。随着深度学习算法的普及，语音识别准确率取得明显进步，必然加速其商业应用的步伐，吸引企业将品牌现有的视觉识别系统向"形象+声音"的双重识别系统转变，产品搜索行为也将因此而改变。基于语音搜索行为的智能语音信息流广告，很可能成为未来搜索引擎的发力方向。

(四) 竞争关系：内容优先战略下的合纵连横

搜索本质上由两部分构成：算法和内容。当算法能力普遍提高，技术已不成为壁垒，内容就成为决定竞争力高下的关键因素。搜索公司通过自建内容对上游枯竭的内容池补充水源，那些拥有海量优质内容的巨头也看到了切入搜索市场的机会。传统搜索模式距离用户信息获取方式越来越远，内容生态离用户越来越近，微信、字节跳动纷纷推出自己的搜索事业部。2019年3月，字节跳动通过开屏资源推广其"全网搜索"功能，宣告字节跳动以海量内容及顶尖算法（AI），正式入局搜索引擎领域。微信从推出小程序起，就一直在默默优化小程序搜索。从"精准搜索"到"模糊搜索"，从早期的"名字"搜索，到如今品牌词、商品词、行业词的多维度搜索，微信逐渐在完善搜索功能的用户体验。这些小程序具备打破移动App孤岛效应的独门秘籍，让传统搜索感受到了更大的压力。腾讯、字节跳动有全覆盖的内容生态，阿里有全领域的商品信息覆盖，它们都具备分食传统搜索引擎市场份额的实力。

2014年6月，搜狗搜索接入微信公号数据，用户可浏览和查询公号及全部文章。腾讯不断加持搜狗，成为其最大的机构股东。但当微信推出"搜一搜"而后又成立"微信搜索应用部"，此前的合作能否继续稳步推进尚难断定。百度依靠信息流对冲增长停滞的局面，2018年财报显示，百度核心营销收入为819亿元人民币，同比增长19%。对比字节跳动同期有可能达到500亿元的广告营收，差距已不明显。考虑到字节跳动是在2017年的基础上翻了近4倍，其强劲的增长势头让哪个竞争对手都会感受到巨大的压力。虽然搜索领域的技术门槛依然是阻挡新挑战者的重要护城河，但在AI普遍成为巨头战略的背景下，传统搜索引擎和腾讯、字节跳动、阿里的技术代差已大大拉近。

各市场主体以内容生态建设为核心展开竞争，无疑会成为下阶段的战略共识。

第三节　社交广告

根据广告主的诉求，在社交平台或其他存在社交关系链条场域中投放的广告，称为社交广告。

一、综述：社交关系链驱动下的广告格局

网络社交场域既包括社交平台这类大场域，也包括由流量主与粉丝间互动构成的小场域。前者由网络平台掌控，后者以第三方KOL为主体，表现出红人经济特性。正是广告所依托的媒介形式的日益复杂化和多样性，让社交广告的定义也变得复杂起来。对社交广告的界定，既不能泛化到整个互联网的范围，也不应窄化到只涵盖专业社交产品的范畴，这是我们认知的基本立场。本报告按实用性和认知惯例原则，将社交广告外延确定为两大部分：社交平台第一方和以KOL为中心的第三方生态，二者共同构成了社交平台上的广告传播链路。

考虑到短视频平台的特性以及微博、微信等传统社交霸主与字节跳动及旗下产品抖音的强竞争关系，本报告将短视频平台列入社交网

络范畴通盘进行分析。在这一生态环境下，原本由腾讯系和微博主导的传统社交格局出现剧烈变化。社交产品结合视频、电商，成为小品牌崛起的机会，也为新兴品牌崛起提供了驱动力。在技术更迭的推动下，社交广告拥有日益广泛的媒介资源，所依托的媒介形式涵盖文本、图片、音频、视频等多种形式，是易于被验证的广告类型。

社交广告不是新物种，社交产品的日益丰富和小程序、短视频崛起带来的巨大流量和数据，为社交广告带来了无比广阔的发展空间。根据IMPRESS提供的数据，2018年，社交网络广告规模达到567.5亿元，增长率50.9%，信息流、视频等各类广告形式，将社交广告推入爆发式增长轨道。凭借庞大的用户基础，加上持续完善的变现场景与技术能力，主要社交平台迈入货币化的黄金时期。快手引入社交广告系统，抖音迎来爆发式增量，腾讯、微博近年广告收入均保持高速增长，社交广告整体规模持续高速扩容，带动了ARPU值的提高。根据秒针的分析观点，社交广告是目前增长最快的广告类型。

社交广告自身的裂变式传播特性，给了重视创意的品牌四两拨千斤的机会，小预算有可能达到甚至超过大预算的效果。越来越多熟悉社交广告的新品牌，依靠社交平台或口碑获得成长，擅长借助社交链获取价值，而不再单纯依靠大预算，甚至部分营收就来自于社交广告变现。社交与电商有深度结合的土壤，社交电商反过来有助于推动社交广告的发展。

二、旧格局扫描：稳步发展的传统社交平台

（一）旧格局总体上趋于稳定

CNNIC 数据显示，截至 2018 年 12 月，微信朋友圈、QQ 空间使用率分别为 83.4%、58.8%，较 2017 年底分别下降 3.9 个、5.6 个百分点；微博使用率为 42.3%，较 2017 年底上升 1.4 个百分点，总体较为稳定，细分领域保持快速增长，短视频和论坛社区活跃。从传统观点看，处于头部的网络平台优势依然明显，微博、微信、QQ 空间等构成的传统格局较为稳定，各自守住传统优势领域。从财报看广告营收情况，各自处于不同的生命周期。腾讯正在迎来广告的黄金收割期，2018 年到 2019 年二季度已实现广告收入的快速增长。相比之下，微博的广告潜在营收空间收窄。从未来增长态势看，在平台格局稳定的情况下，腾讯社交广告的份额持续扩张，微博的社交广告基本盘虽也在扩容进程中，但存在放缓的隐忧。

（二）腾讯社交升级扩容带动广告营收攀升

2018 年 9 月，腾讯对沿用 6 年的组织架构进行调整，将原先七大事业群改为六大事业群，在连接人、连接数字内容、连接服务的基础上，探索更适合未来趋势的社交、内容与技术的深度融合，实现由消费互联网向产业互联网的升级。这条全面整合"社交+技术+内容"的新路线，需对社交平台、流量平台、数字内容及核心技术等业务进行拆分和重组。新成立的平台与内容事业群，是对原腾讯社交网络事业群、移动互联网事业群和网络媒体事业群的整合。身处社交代际更迭

之际，腾讯对社交产品体系进行自我升级，技术作为社交链重构的基础作用日益明显，在此基础上打造的内容不但会逐渐再造社交关系，也因此而成为社交网络的重要价值出口。

总结近年来互联网产业的发展进程可以看出，内容和技术已成为社交广告的核心和关键因素，内容是盘活流量和引流的基础，技术带来社交广告效率的提升。腾讯作为社交流量巨头，社交广告的未来空间巨大。截止到2019年上半年，月活跃账户超过11亿的微信及WeChat，整体月活跃账户超过8亿的QQ等社交平台，月活跃用户量超过5亿的腾讯视频、QQ浏览器、腾讯音乐、腾讯新闻、腾讯体育、天天快报、腾讯广告联盟等行业领先平台，携巨大流量的优势，其广告价值已逐渐得到释放。腾讯2019年Q2财报数据显示，腾讯广告收入达164亿元，同比增长16%，其中社交广告收入120亿元，同比增长28%，是腾讯广告收入增长的最重要引擎。2019年5月，微信朋友圈第三条广告全量开放，推出朋友圈广告限时推广模式，朋友圈全景广告、朋友圈话题广告等，在技术的支持下，腾讯社交广告引入越来越多的新兴社交广告产品。纵观从2018年到2019年腾讯各季财报数据，其广告营收已呈现出爆发式增长的趋势，黄金期为时不远。

三、新兴挑战者：风头强劲，势头逼人

（一）"两微一抖"成为移动互联网广告的基础平台

随着抖音、快手的崛起，短视频作为社交平台逐渐成熟的重要内容，带动社交市场发展的新方向。CNNIC 数据显示，截至 2019 年 6 月，网络视频用户规模达 7.59 亿，其中短视频用户规模为 6.48 亿，占网民整体的 75.8%。短视频应用的时长占比为 11.5%，仅次于即时通信和网络视频。2019 年 5 月底，快手日活突破 2 亿，公司对外宣称年底冲刺日活 3 亿；7 月抖音宣布日活用户超 3.2 亿。另外，百度系短视频日活超 1 亿，腾讯已将短视频功能嵌入微信，中国互联网短视频用户增长势头强劲。抖音在 2019 年 8 月创作者大会上称，到 2020 年，包括抖音、快手及其他短视频产品在内，中国短视频将达到 10 亿 DAU。QuestMobile 发布《2019 移动互联网半年增长报告》显示，2019 年 6 月，短视频用户同比增长 55.4%，用户数增量过亿，短视频成为社交网络增量市场的主要贡献力量。根据《2019 年中国网络视听发展研究报告》的数据，截止到 2018 年 12 月，中国短视频市场总体营收规模已达 467.1 亿元。除了用户量，在用户使用时长及商业贡献方面，短视频同样为社交网络带来可观的新流量。作为下沉市场最大的受益行业，短视频用户规模性增量及基于推荐技术的社交链，给短视频营销爆发打下厚实的基础。在此背景下，除微博、微信外，短视频逐渐成为热点话题和数字营销的关键策源地，在"两微"之外，抖音已被行业公认为营销领域的标准配置。

截止到 2019 年 6 月,微信月活达 11.33 亿,微博 4.86 亿;截至 2019 年 1 月,抖音超 5 亿,三大平台已成为重要的网络热点策源地。主打短视频移动社交的抖音凸显年轻化、娱乐化和用户规模优势,开始获得广告主认同,品牌通过建立抖音企业账号,借助平台、红人通道,与年轻人顺畅沟通,传递品牌个性和趣味,有利于其加速品牌方的年轻化和娱乐化的进程。抖音带来营销蓝海的新流量,具备场景广泛、功能丰富且成本低廉等优点。

从"两微"到"两微一抖",不只是多了一个新平台,也不只是单纯增加用户数量,这其中暗含营销逻辑的重大变迁。"两微"时代的营销底层系统是作为裂变和自传播阵地的社交平台,是热点策划的核心场所,但传播充满了不确定性。抖音遵循的大数据、算法和 AI 推荐逻辑,使其接触用户的精准度增加,提高了传播效率和裂变可能。对于广告主来说,"两微一抖"时代更大的价值在于新兴技术推动传播物料的推荐式分发,增强了传播效果的可预期性,大大增加了社会化传播的概率,营销热点的策划链路在技术的帮助下有可能被标准化,有利于提高预算效率。对媒体来说,流量不再是吸引广告主的唯一指标,有效利用流量对品牌更为重要。品牌从来没有像现在这样重视收益率,这是对以往跟着用户流量决定预算投放方向的早期经验主义的有效校正。

(二)营销策源地日益多元,广告空间得到拓展

在"两微"时代,微信和微博在广告营销领域具有相当的垄断地位,但在"两微一抖"时代,这种"中心化"广告权重神话逐渐被打破。无论是种草特性显著的小红书、话题性十足的知乎,还是二次元成为标签的 B 站、全面占有三四线城市用户的快手,都成为更具有针对性的重要营销策源地。抖音虽然在特性上偏向娱乐化和年轻化，但其在全网扩散上拥有很强的通道能力，具有综合性平台的某些特点。知乎、小红书、B站、快手在广告主的认知中，成为品牌实现垂直诉求的重要选择。这四大平台配合"两微一抖"，正在成为社交广告开创新天地的集束炸弹，威力甚为可观。

据知乎官方披露的数据，截止到2019年6月，知乎用户数突破2.5亿，用户日活8000万。知乎用户以亲历者、内行人、领域专家及爱好者的身份分享知识、经验和见解，结合话题策划营销事件成为知乎营销的标签。2019年5月，小红书拥有2.5亿用户，80%为女性，被称为国民种草机，成为小众品牌热衷的营销阵地。2019年一季度未经审计的财务报告显示，B站平均月活达1.013亿人，UP群体创作的视频贡献了平台89%的播放量，UP主是B站营销的核心传播节点，B站则成为网生文化的核心阵地。四大平台中，快手的量级超过前三者，对于那些致力于下沉市场的广告主而言，快手无疑最受青睐。如图4-8所示。

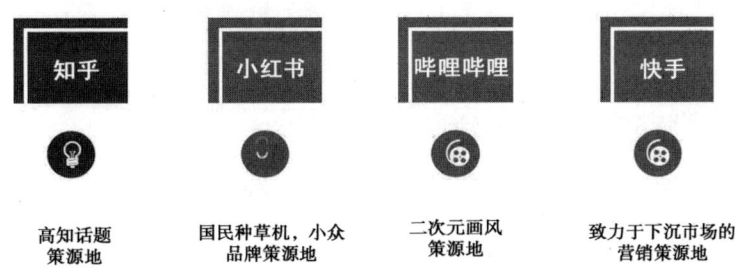

图 4-8 四大垂直向策源平台

（三）五大新锐势力的竞合关系

作为社交领域高影响力的新平台，抖音和快手是强竞争关系。抖音在广告收入上远超快手，快手直播收入量级却和抖音整体营收持平。值得一提的是，快手2018年绝大部分营收来自直播打赏，广告并未真正发力。快手和抖音总体上是短视频之争。从社交属性上看，快手社交属性强于抖音。B站和知乎虽然创立于PC时代，业务模式上有明显的PC时代基因，但二者都是在移动互联网时代真正实现了增长，确立起在各自领域的竞争优势。两者虽不能算作新型平台，但其影响力是在移动端取得的。小红书是垂直细分的专业达人社区，是移动时代的产物。

在五大新锐势力中，除了抖音、快手外，它们都分属于不同的垂直领域，不是强竞争关系，在某些领域存在合作的可能性，但对广告主的争夺则是无法回避的事实。这些垂直平台的崛起，意味着综合大社交平台的垄断时代逐渐瓦解，细分垂直社交平台在社会影响力层面的话语权增长，会削弱综合大社交平台的影响力。当下广告越来越和人群影响力、舆论引导能力和导流能力直接挂钩，这势必影响广告预算的流动方向。这种竞合态势让各平台都承受很大压力，但有利于做大行业蛋糕，这对于新兴平台的长远发展来说无疑大有裨益。

四、社交广告发展态势分析

（一）社交广告的品牌公关取向

在社交时代，参与社交的各类主体的言论、态度、情绪等因素，都会影响消费者的决策，由各类媒介构筑的社交环境成为品牌最重要的外部环境，公共舆论成为塑造品牌形象和产品口碑的核心要素。面对高度碎片化的用户分布格局这一现实,品牌塑造方式不得不随之做出调整。社交时代品牌即便能够应对平台和媒体本身,却没有办法控制用户的吐槽和大众的言论。在这种情况下,针对网络舆论进行策略性的管理和建设被提上日程,互联网 PR 应运而生,对"两微一抖"的有效利用因此而变得尤为重要。

各社交平台都是公共舆论和大众吐槽汇聚的场域,在进行广告投放时,"硬广+软广+舆情+公关"这种复合型组合将成为品牌的基本策略。品牌侧重于沟通与服务,如何与公众的主导舆论达成共识与和解,寻求品牌价值观和大众价值观的共通意义空间,是品牌借助社交平台传播价值观念的基本方向。

(二) 信息流助力社交平台广告增长

2018 年腾讯财报数据显示,其全年网络广告业务收入为 580.79 亿元,同比增长 44%,其中社交及其他广告收入增长 55% 至 397.73 亿元,微信朋友圈、小程序和移动广告联盟收入增长超出预期,至 2019 年第一、二季度,网络广告业务收入为 297.86 亿元。腾讯 2019 年 Q2 财报数据显示,社交广告收入 120 亿元,同比增长 28%。腾讯将该部分增长归功于广告库存及曝光量提升,例如微信朋友圈及 QQ 看点等,这得益于腾讯发力信息流,成立信息流与内容社区业务线(FCC)等举措。推动社交广告增长的朋友圈、QQ 看点等,正成为腾讯信息流的主力。2018 年到 2019 年上半年,广告收入增长为腾讯营收增长做出一定贡献。

其他几大平台的表现也与此类似。据微博财报分析,信息流广告在微博营收中占绝对优势地位,2018 年全年微博的广告与营销收入占总净收入的87%。同时，据抖音披露的消息，2019年抖音全年的预期营收为500亿元，另据媒体调查，预计信息流占比可能高达80%。快手则是互联网社交广告新入局者，信息流广告将成为未来广告营收重点，将广告主提供的短视频内容，利用大数据及AI技术与用户兴趣匹配，预计2019年广告营收达百亿级。除了这些主流平台外，B站、小红书、知乎等社交平台都积极介入信息流，在社交平台广告收入中，信息流广告已成为它们的营收主力，未来则会成为营收增长的主要推动力。

（三）每用户平均收入（ARPU）上行空间巨大

2018年到2019年上半年，从用户增长角度看，传统社交平台处于低速增长阶段，微博、微信、QQ等平台总体较为稳定。抖音、快手等新兴社交平台则通过快速拉升用户规模，获得爆发式增长。2018年下半年到2019年上半年，受制于红利见顶，抖音、快手等新兴社交平台在2018年高增速逐渐回落。仅通过数量的增加实现高增长难以为继，社交网络发展进入新阶段。除微博外，腾讯微信和媒体矩阵、抖音、快手等，都纷纷进入快速商业化阶段。但总体来看，无论微博、微信，还是抖音、快手，无论是纵向对比其他类型广告，还是横向对比国际主流标准，社交广告单价总体偏低。抖音、快手等新兴平台依然身处商业化前期，技术真正融入社交广告的时间较短，效率提升仍有很大空间，广告主对其真正价值的认知还有待提升，ARPU值在低水平徘徊。

以Facebok为例，2018年平均ARPU为786元人民币，而抖音日活用户贡献的年收入仅为149元人民币，提升空间巨大。同样，即便拥有巨大优势的腾讯,其广告 ARPU 仅相当于 Facebook 全球平台的 32%、Facebook 美国平台的 8%。即便与国内企业相比,腾讯 6 美元的 ARPU 值相较于百度搜索广告的 17 美元和阿里巴巴电商广告的 55 美元也非常低,其他社交平台的情况也与此类似。在用户数量增长乏力的现实条件下,如何有效提升 ARPU 值,是各社交平台今后着力解决的问题。

(四)电商社交化和社交电商化的双向促进

电商与社交结合带来两个结果:电商社交化和社交电商化。前者以阿里和拼多多为代表,阿里在其电商平台引入内容、直播、短视频和圈层化等;拼多多发端于社交流量,通过社交推动,成就最具代表性的社交电商。后者主要有快手、抖音、微博、腾讯等,通过引入电商功能,将庞大的社交流量转化为电商交易。

2019 年 7 月,中国互联网协会发布的《2019 中国社交电商行业发展报告》显示,2018 年我国社交电商市场规模 1.2 万亿元,占网络零售交易规模的 14%。报告预计,2019 年社交电商市场规模将超 2 万亿元,同比增长 63.2%。社交电商消费者人数将达 5.12 亿人,成为电子商务创新的主要力量。综合来看,移动互联网、4G(及预期中的 5G)、智能手机的快速普及,微信、微博、短视频等社交媒介的发展以及社交用户规模的大幅增长,共同推动电商新流量的激增。具体到各电商平台,拼多多通过社交关系链带来的极低获客成本,带动了传统电商的转型。阿里淘宝、天猫越来越像内容社区和众多用户圈层构成的社交平台,通过 UGC、PGC 深化与用户的沟通,达成流量新增长和延长用户停留时间的目标。社交与电商深度融合形成的社交电商,

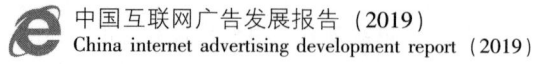

即将迈向深耕市场的新阶段。

(五) 竞争关系:新旧势力共同发力、全面竞争

1. 腾讯与字节跳动的直接竞争

字节跳动旗下抖音的迅速崛起给腾讯带来不小的压力,字节跳动在多个领域大力渗透,逐渐深入腾讯腹地。根据公开数据显示,截至2019年7月,字节跳动旗下产品全球总DAU超过7亿,总MAU超过15亿,其中,抖音DAU已超过3.2亿,新巨头雏形已现。据彭博社、界面等媒体报道,字节跳动2017年、2018年总营收分别约为150亿元、500亿元,2019年字节跳动收入预期为1000亿元。据腾讯财报披露,2017年、2018年腾讯总营收分别为2378亿元、3127亿元,彭博社预测2019年其总营收预计约为3964亿元。因字节跳动从未正式公布过其营收和广告收入数据,上述数据皆为推测,但与腾讯在广告营收上差距逐步缩小已得到行业的公认。彭博社进一步预测,2019年字节跳动的广告营收同期有望超过腾讯,这是从字节跳动几倍于同期腾讯的增速做出的预判。无论实际数字如何,在广告营收上,字节跳动已对腾讯构成直接的挑战。

在这一竞争背景下,腾讯进行第三次组织架构调整,建立PCG(平台与内容事业部),试图通过大中台和小前台方式建立内容优势,在直播、短视频和信息流上建立多分发渠道。此外,天天快报的地位被快速成长的QQ看点取代,后者成为腾讯信息流业务的新亮点。2019年对于腾讯和字节跳动来说都是关键年,腾讯从防御走向主动出击,二者在业务上形成全面对垒态势。相关数据显示,2019年3月,腾讯系 App 总使用时长占全网的比例降至 43.8%，而头条系则增长至 27.4%。表面上看这是短视频、信息流和 AI 等垂直领域的竞争，实质上却是综合生态的竞争，关系重大。

2. 微博直面"抖音+快手"挑战

2018 年 7 月，抖音日活为 1.59 亿，首次超过微博（1.48 亿），自此之后二者的日活差距不断扩大；2018 年 11 月，抖音月活为 4.12 亿，首次超过微博的 4.03 亿，"两微一抖"格局初步形成。除抖音外，快手在 2019 年上半年注册用户超过 5 亿，月活破 2.9 亿，量级与微博接近。抖音推出了热搜榜、转发功能以及个人主页动态，以期能让用户在平台上产生更多的互动。抖音因此成了"小微博"，在 2018 年电影营销市场将抖音设定为标配阵地后，广告主的部分预算转向抖音。2019 年 4 月，快手表示今年开始主动做品牌推广营销，以更好地展示品牌形象。随后快手特约赞助综艺节目《奔跑吧，兄弟》《吐槽大会》，期望能让更多人知道快手品牌，进一步提升品牌形象，扩大用户规模，切入品牌广告市场。微博作为社会舆论中心和娱乐业态声量场的核心价值受到挑战，压力倍增。

微博在二次崛起过程中，试图通过内容分发、红人经济搭建起完整的产业链，但红利基本被抖音和快手收割。2018 年，微博全年营收约 118 亿元人民币，据推测抖音和快手同期收入分别达到 200 亿元和 220 亿元规模，二者与微博的差距逐渐拉近，2019 年 Q1 微博收入的同比增长仅为 14%，Q2 营收 4.318 亿美元，同比增长 1%，显现出增速放缓的趋势。微博在舆论引导角色和红人经纪两大主力业务仍有较强

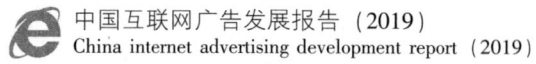

优势。微博后来发力的社交电商领域进展并不顺利。快手在其独具特色的老铁关系链中所建立起来的直播电商,是其收入的最重要来源,同时也带动了电商广告的快速发展。新旧势力同台竞争的天平,越来越呈现出"喜新厌旧"的一边倒倾向。

第四节　视频广告

借助网络渠道,利用诉诸人的视听觉感官的信息来表现广告主诉求的广告,即为视频广告。

一、综述:平台与流量主同步成长

视听语言近年来大为普及,成为文字、图片后第三种主流的沟通文本形式。网络视频以信息内容的丰富性、对现实世界模拟的逼真性和感官刺激的多维性取胜,是当今最重要的媒介形式,在互联网领域更为用户所青睐。由于基础设施的日趋完善和视频技术的不断发展,互联网视频在产业形态上日臻成熟,视频广告已摆脱介质本身的束缚,在形式上不断拓展,其内涵和外延也随之发生变化。

从媒体角度看,视频广告市场有三种类型。第一类是以爱奇艺、腾讯视频、优酷等长视频为代表的网络视频,还有芒果TV和B站;第二类是以抖音、快手和腾讯系、百度系为代表的短视频平台,包含美拍、秒拍、B站、陌陌等参与者；第三类是碎片化视频市场，由视频流量主构成，主要参与者是KOL、红人。根据CNNIC数据，截至2019年6月，互联网视频总体用户规模为7.59亿，网民使用率为88.8%（见表4-1），其中网络长视频用户为6.39亿，短视频用户、网络直播用户规模分别为6.48亿、4.33亿。其中，短视频用户规模超过网络视频，短视频的爆发给了KOL、红人持续扩容的土壤。

表4-1 2018年12月—2019年6月各应用用户规模及网民使用率

应用	2019年6月		2018年12月		半年增长率（%）
	用户规模（万）	网民使用率（%）	用户规模（万）	网民使用率（%）	
即时通信	82470	96.5	79172	95.6	4.2
搜索引擎	69470	81.3	68132	82.2	2.0
网络新闻	68587	80.3	67473	81.4	1.7
网络视频（含短视频）	75877	88.8	72486	87.5	4.7
网络购物	63882	74.8	61011	73.6	4.7
网络支付	63305	74.1	60040	72.5	5.4
网络音乐	60789	71.1	57560	69.5	5.6
网络游戏	49356	57.8	48384	58.4	2.0
网络文学	45454	53.2	43201	52.1	5.2
旅行预订	41815	48.9	41001	49.5	2.0
网上订外卖	42118	49.3	40601	49.0	3.7
网络直播	43322	50.7	39676	47.9	9.2
网约专车或快车	33915	39.7	33282	40.2	1.9

续表

应用	2019年6月		2018年12月		半年增长率（%）
	用户规模（万）	网民使用率（%）	用户规模（万）	网民使用率（%）	
网约出租车	33658	39.4	32988	39.8	2.0
在线教育	23246	27.2	20123	24.3	15.5
互联网理财	16972	19.9	15138	18.3	12.1
短视频	64764	75.8	64798	78.2	-0.1

（一）网络视频

本报告中，网络视频指以长视频为代表的视频市场，以视频平台企业为主体。经过多年的发展，中国网络视频行业平台企业以爱奇艺、腾讯视频、优酷为第一梯队代表，第二梯队主要包括搜狐视频、凤凰视频、芒果TV、PPTV等。根据《2019年中国网络视听发展研究报告》数据显示，2018年中国网络视频市场规模达到1871.3亿元（见图4-9），市场营收增长强劲。根据CNNIC的数据，2018年相较于2017年同期用户总数增长5.7%，但在网民中的占比下降1.1个百分点。视频用户增量逐渐见顶，网络视频市场进入存量时代。

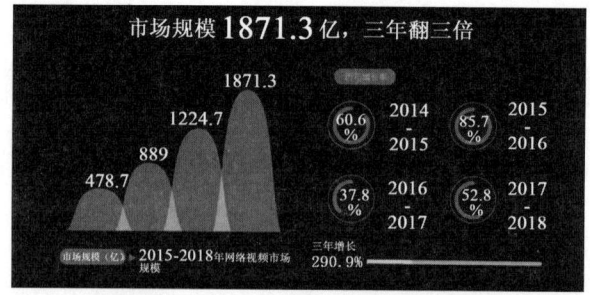

图4-9 2015—2018年网络视频市场规模

2018年，网络视频的付费用户规模达到3.47亿（见图4-10），内容付费达到 645.59 亿元，在网络视频市场规模中占比为 34.5%，收入份额大幅度增加。2019 年 6 月 22 日，爱奇艺宣布其付费用户破亿，中国视频付费市场正式进入"亿级"会员时代。爱奇艺、腾讯视频、优酷三大主流平台，其运营模式逐渐向 Netflix 模式靠拢。网络视频主流平台近几年强调独家版权，加大自制力度并在会员制上不断拓展，一定程度上影响了广告的增长。

图 4-10　2017—2018 年网络视听付费用户规模

（二）短视频

本报告所讨论的短视频是以短视频平台为代表的视频市场，以抖音、快手、腾讯系为代表。《2019 年中国网络视听发展研究报告》数据显示，截止到 2018 年 12 月，中国短视频市场总体规模达到 467.1 亿元，而 2017 年这个数字为 55.3 亿元（见图 4-11）。市场呈现出爆发式增长的特点。随着抖音、快手等平台在 2018 年积极布局商业化，2019 年将迎来短视频商业的持续爆发。

图 4-11　2016—2018 年短视频市场规模

资料来源：《2019 年中国网络视听发展研究报告》。

2019 年 5 月底，快手宣布日活破 2 亿，抖音的日活破 3 亿。2019 年前 6 个月，快手实现了 4000 万 DAU 增长，并提出年底冲 3 亿 DAU 的目标。2019 年 1 月初，抖音日活突破 2.5 亿，DAU 增长 7000 万，意味着短视频的用户红利依旧存在，但相比于 2018 年上半年增速有所放缓。短视频进入到一个新阶段，既要对红利持续挖掘，又要转向精耕细作。据 CNNIC 数据，截止到 2018 年 12 月底，短视频使用时长占总上网时长的 11.4%，超过综合视频的使用时长占比（8.3%），成为仅次于即时通信的第二大应用类型，短视频月总用时长快速增长。根据 QuestMobile 提供的数据，截止到 2019 年 6 月，短视频的月均使用时长提高了 1.8 个小时，同比涨幅为 8.6%。

网民用户时长基本盘稳定，短视频对用户时长的争夺意味着这是一场面向全领域的行业竞争。CNNIC 数据显示，字节跳动以 28.4 小时的人均周使用时长首次超过微信。字节跳动和腾讯形成直接的竞争关系，这是短视频在全网层面竞争激烈态势的缩影。短视频竞争从所在领域溢出，向各个领域延伸。短视频在用户规模和用户时长方面的优势，是推动营收爆发式增长的原因。广告作为其营收的主要方式，得益于这一优势的变现。

(三) 视频流量主

视频流量主基本由三个基本盘构成：机构媒体、KOL、红人。机构媒体向两个方向发展，一是KOL化，二是媒介化。前者如人民日报，既有自己的平台，同时也在各大平台成为KOL化的流量主。后者如梨视频，既栖身于各个平台，同时也是独立App。值得一提的是，KOL和红人既有区别，又相互融合，红人大都有KOL化的意愿。

从视频市场的基本构成来看，除长视频和短视频两个类型平台外，第三个是以KOL、红人为主体的视频流量主。KOL、红人经济的传播载体经历了文字、图文、PC视频模式、移动视频几个阶段。移动互联网普及后迎来个体流量爆发式增长，促使MCN机构壮大，推动了KOL、红人产业化，KOL、红人出现职业化、拟人化、虚拟化等特征。同时，KOL的活跃范围不断扩大，除了传统的社交平台外，移动视频、垂直平台、电商平台都成为其内容生产和传播的阵地。

KOL、红人流量主的主要营收，来自广告和带货、直播、知识付费等。从行业普遍认知来看，绝大部分品牌都会投放KOL，但以小品牌为主体，它们希望以最快的速度和最优的成本效益建立忠诚客户群。电商方面，KOL行销（带货）市场规模在6000亿~10000亿元间，占电商交易额的2%~3%，每年以超过100%的速度增长。从2017年下半年开始，KOL、红人的视频化倾向越来越明显，进入到2018年，利用短视频建立影响力的KOL、红人超过绝大部分。截止到2018年12月，短视频红人、KOL的用户数占比达到80%。抖音、快手已成为KOL、红人的主要聚集地，视频流量主则成为KOL、红人的最主要媒介形式。截止到2019年6月，全网红人总量增速为4%，活跃度下降6%，活跃红人数量反而下降3%。总体来看，经过2018年爆发式扩张后，进入2019年，视频流量主整体扩容基本结束，基本盘趋于稳定，业态趋向成熟。广告作为红人、KOL的最主要收入，逐渐步入收割阶段。行业趋于规范和成熟后，广告主会更放心地将预算转向KOL和红人。

表4-2　不同媒介阶段的KOL角色演变

传统时代	报纸杂志/电视　权威性、大众化 KOL通常在特定领域有较高建树，基于其专业性权威性被群体成员所认同和依赖，并且有较大知名度和大众化受众覆盖面。
PC时代	社区/社交网站　专业化、小众化 微博、豆瓣为代表的社交网站出现，社会群体向线上转移，逐渐出现群体外界相对模糊的小众群体，多以兴趣为目的。KOL专业兴更强，受众更专一。
移动时代	短视频/直播　娱乐化、职业化 移动互联网时代三次热潮直接推动了KOL的发展，一是微信公众号掀起的自媒体创业，二是知识付费，三是直播和短视频。KOL更具娱乐化和职业化，从群体内部形成并逐渐产业化。

二、网络视频平台的基本格局

（一）网络视频的整体发展态势

根据CNNIC数据，截至2019年6月，中国网络视频用户规模达到7.59亿，较2018年底增长3391万，占网民整体的88.8%。其中，长视频用户规模 6.39 亿，占网民总体 74.7%；短视频用户 6.48 亿，占比 75.8%。这意味着网络视频用户和短视频用户高度重合。根据 CNNIC 2018 年 12 月的数据显示，手机网民平均每天上网时间长达 5.69 小时，长视频占比为 8.3%，短视频占比为 11.4%，首次超过长视频，这表明以爱奇艺、腾讯视频、优酷等长视频为代表的网络视频，与以抖音、快手为代表的短视频间的行业竞争将不可避免。同时，这种竞争同样存在于网络视频和短视频各领域内部。

长视频内部是爱奇艺、腾讯视频和优酷之间的三角竞争，焦点是基于会员制的自制、独家版权和基于技术的新兴内容的竞争，新兴内容的主要形式包括短剧、竖屏剧、互动剧等。短视频内部则主要集中于抖音、快手和腾讯系，竞争的焦点是用户数量、用户时长和商业化，短视频市场在 2019 年逐渐走向成熟。长视频和短视频两大阵营必将围绕广告，使出浑身解数展开激烈争夺。在整体经济不断调整的 2019 年，这种争夺不仅体现在广告性价比和流量方面，更体现在行业生态和健康方面。CNNIC 报告认为，进入 2019 年后，各大视频平台内容品类进一步细分，娱乐内容生态正在形成；各平台以电视剧、电影、综艺、动漫等核心产品类型为基础，不断向游戏、电竞、音乐等新兴产品类型拓展，以 IP（intellectual property）为中心，通过整合平台内外资源实现联动，形成视频内容与音乐、文学、游戏、电商等领域协同发展的娱乐内容生态。

（二）长视频和短视频的竞争关系

总体来看，长视频的主要投入是内容，短视频平台的主要投入在"内容"之外更注重"技术"；长视频平台最核心的部门是制作、版权和内容孵化、协作，短视频平台最核心的部门是大数据、算法、AI 等技术部门；长视频强调人力创意，短视频强调技术基因；长视频以"大体量的优质内容"为护城河，短视频则以算法和技术为核心竞争力。

长视频和短视频归根到底都是通过内容来吸引用户，长视频平台向短视频领域渗透，虽然暂时未对短视频平台形成威胁，但这种投入可能会是持续性的动作。目前，短视频平台虽然缺乏向长视频领域渗透的优势，但未来不排除这种可能性。

长视频平台80%的员工为生产和购买内容服务，囊括剧、电影、综艺等，垄断了最优质的娱乐内容；短视频80%的职员则是技术和程序员，侧重于提供移动碎片化的消费内容。长视频强调内容、剧情、情节、明星等元素来打动用户；短视频则通过为用户匹配最感兴趣的内容来抓住用户。长视频和短视频的竞争主要围绕用户时长展开，在用户时长基本稳定的情况下，在一边内容上花的时间多，在另一边内容上花的时间就会减少。面对内容逐渐成为广告价值出口的媒介环境，以广告为核心收入，依托内容对用户时长的争夺，关系到两大领域的商业前景。尤其对于长期未能摆脱亏损的长视频而言，这种广告收入层面的考量显得更为紧迫。对短视频而言，广告能否持续实现爆发式增长，关系到其市场和行业地位。对于仍处于成长中的快手、抖音而言，广告营收规模和增速已关系到企业对商业前景的预期和资本市场的评价。

1. 长视频变短以增强渗透力

虽然短视频整体用户渗透率超过长视频，但就单平台而言，抖音、快手的用户规模和三大长视频平台存在差距。考虑到长视频平台用户规模见顶，短视频依旧处于增长阶段，加上短视频使用时长的高占比，长视频不得不做出改变。竞争策略包含两个方面：一是丰富基于长视频内容的花絮、Cut；二是切入短剧、微综艺，逐渐向短内容领域渗透。爱奇艺在"爱奇艺世界大会"上对外宣称，很早就拿出了"闭环组合"：用户上传、观看、评论、分享和推荐视频、积分再兑换视频等，以闭环的方式获取更多用户，以此来加深用户黏性。

腾讯则通过社交资源进行有力扶持：微信和 QQ 用户可以直接在微信入口进入腾讯旗下的短视频平台微视。

优酷和字节跳动达成合作，对优酷进行短视频内容授权，优酷旗下上千部电影、电视、动漫及综艺等作品以短视频形式在西瓜视频平台上播出。优酷方面认为，"长视频分段"模式给用户提供多样化的选择，有助于延长优质内容的生命力。

三大长视频平台不断丰富 Cut、预告片、花絮等短视频数量和渠道，让用户看过短视频内容后有更多兴趣去观看长视频。此外，面对短视频的冲击，三大平台从内容创新的角度，纷纷从不同维度布局短视频细分业务。2018 年 11 月，爱奇艺上线《生活对我下手了》，该剧集以竖屏呈现，每集时长平均在 5 分钟以内；腾讯视频上线"火锅剧"激励计划，相继推出《小哥哥有妖气》《女人 30+》等时长 1~10 分钟的微剧集；快手同时上线《暖男先生》等微剧集。可见，随着 5G 带来的预期网速升级，短时长的微剧、微综艺将比长剧集大综艺更节约流量资费，比才艺展示型内容更充满故事性，预示了短视频和长视频的融合与竞争态势即将趋于白热化。

2. 短视频变长以留存用户

2018年以来，各大短视频平台纷纷在视频时长增加上投入战略性资源。2019年4月，抖音向用户开放1分钟视频发布权限。6月底，抖音内测15分钟视频。除抖音外，快手于2018年对外宣布将围绕5G展开布局。百度好看视频同时推出"VLOG蒲公英"计划，支持时长平均在5分钟以上vlog内容。短视频行业增加时长的原因主要有两个：一是出于业务扩张的考虑，试图对长内容的价值进行收割；二是5G给了视频行业更多的可能性，短视频变长有提前布局和卡位市场的战略考量。

短视频的时长增加直接影响到平台内容的生态，有利于加固内容护城河，增加短视频平台的商业价值，提高用户的留存率。对于品牌而言，是否需要叙事是选择不同时长短视频进行投放的主要原因。短视频广告营销主体基本盘是小微广告主，加长后的短视频有利于吸引有叙事需求的品牌投放，加大对大、中型广告主的吸引力，以改变这部分广告预算长久以来都被长视频所垄断的局面。抖音、快手等短视频平台增加时长的改变，一定程度给长视频平台带来压力。面对电影营销在2018年已把抖音作为重要投放阵地的现实，长视频平台很难做到无动于衷。

三、长视频经营现状

（一）会员服务收费增长强劲

在长视频领域，会员收入增长强劲。根据爱奇艺、腾讯、阿里披露的 2018 年财报分析，会员收入逐渐占到三大平台视频业务营收的半壁江山。《2019 年中国网络视听发展研究报告》数据显示，网络视频内容付费规模达到 645.59 亿元，其中三大长视频平台会员收入规模有可能达到 300 亿量级。会员收入和广告成为视频网站最主要的两大收入来源，从而打破了此前视频网站只能依靠广告获取收入的单一模式。由于会员制实行广告屏蔽，广告收入必会受到一定影响。一些平台试图对会员投递广告的做法遭到会员和媒体批评后，转向创造"创意中插广告"的形式，以期弥补广告损失，其成效还有待观察。

（二）广告保持稳定高增长

根据爱奇艺、腾讯、阿里 2018 年财报数据，2018 年三大长视频平台的广告营收基本保持超过 20% 的高增长。进入 2019 年后，受到经济环境因素影响有所回落，但总体增长依然稳定。会员制虽然对头部 IP 带来的广告营收有一定的抑制作用，但长视频平台在新广告产品、长尾资源及广告技术开发层面都有所推动。信息流广告、千人千面、创意中插、移花接木等广告产品持续投入市场并不断加以完善，将为长视频平台广告营收做出重要贡献。

大数据、算法和 AI 对广告长尾的覆盖比例持续增长。根据爱奇艺提供的数据，2018 年公司对广告长尾的覆盖达到 40%，比 2017 年的 10% 增加了 30 个百分点，2019 年这个比例将达到 80%。这种现象同样发生在腾讯视频和优酷，基于技术的长尾广告变现，逐渐成为长视频平台保持广告增长的重要支撑之一。头部 IP 引领的广告变现进入精耕细作阶段，对服务的强调越来越明显。

(三）布局"分账短视频"抢夺内容风口

2019年，"分账短视频"成为长视频争夺的风口。爱奇艺、优酷、腾讯视频等纷纷布局，各自制定了分账短视频的准入标准和分账规则。爱奇艺称这类短视频为"剧情短视频"，竖屏为主，单集时长4~10分钟；优酷则称其为"微短剧"，要求单集时长≥5分钟且不少于12集；腾讯称为"火锅剧"，单集时长1~10分钟，项目总时长≥30分钟。在对分账短视频评级上，腾讯的火锅剧不采用付费模式，而是采取"招商分成+流量激励收益"的模式。总体来看，分账短视频以短剧、互动剧和竖屏剧为主，一方面是应对短视频对长视频平台带来的压力，另一方面则是围绕5G提前布局。此外，这类强调互动和短内容的新兴内容，同样代表长视频平台在5G时代的发展方向。短剧、互动剧、竖屏剧等符合移动屏收视习惯，对移动端的流量留存及活跃用户有很好的效果，对提高移动端的变现能力将有很大帮助，也有助于提升移动端长视频的广告投放效率。

（四）竞争关系

三大长视频平台间激烈的会员争夺成为竞争核心。争夺会员凭借的是独家内容，表现在产品上主要是自制内容的竞争。技术作为支撑平台经营的基础，能加速长尾广告的变现，同样是战略竞争的重点。而对新兴内容的争夺，则是对未来发展方向和风口的提前布局，竞争全面展开，形成基于服务、技术和内容整合的生态型竞争格局。

在这场强者对话中，爱奇艺模式相对领先，优酷稍显落后。公开数据显示，截止到2019年6月，腾讯视频的市场渗透率约为45%，爱奇艺约为43%，优酷约为27%。由于腾讯视频背靠腾讯系庞大的社交流量，综合各因素后，本报告认为，爱奇艺在三大长视频平台的核心竞争力更为突出。截止到 2019 年 6 月，三大视频平台 2019 年已播剧集都在 50 部左右，爱奇艺剧约为 60 部。据公开数据显示，上半年热度 TOP 15 的独播剧中，爱奇艺、腾讯视频、优酷分别占 7 部、6 部和 2 部。爱奇艺在 2019 年 6 月率先宣布付费会员规模破亿，成为首个亿级付费的视频平台。2019 年 1 月 1 日至 2019 年 6 月 30 日，腾讯、爱奇艺、优酷剧集有效播放量分别为 969 亿次、1113 亿次、458 亿次。爱奇艺能后来居上成为行业领先者，得益于其前瞻性的经营模式。从 2013 年《奇葩说》开辟超级网综模式，到《盗墓笔记》开启超级网剧时代，爱奇艺率先切入国内会员付费市场，第一个制定网络大电影标准，提出分账网剧行业标准，确立短片标准等。正是凭借对"内容+互联网"的敏锐嗅觉，爱奇艺常常能更为顺利地收割新内容的流量红利。

"内容+互联网"强调内容在网络端确定新流程和新标准，使传统内容在数据和网络标准化的推动下，提高内容爆品率和引流作用，并借助技术有效提高了广告变现能力。如利用 AI 工具帮广告主将标准时长 TVC 快速剪成 5 秒视频素材，投放在视频全场景中，通过自动化方式对广告进行创新投放。三大平台的共同目标都是利用技术降低长视频作为劳动密集型产业的人工成本，由内容公司向科技公司转型，技术在长视频平台扮演了优化内容和广告的角色，创造更好的"收视率"。在由技术主导的新规则面前，主动适应变化的平台在竞争中易于建立起领先优势。相比于先行布局的爱奇艺和腾讯，优酷在目前的竞争格局中暂处弱势。

四、短视频竞争格局

(一) 短视频行业进入内容生态竞争阶段

QuestMobile 数据显示,BAT 和字节跳动占据全网 70% 的时长,巨头对用户注意力的争夺越发激烈。字节跳动成为唯一持续高增长的小巨头,凭借短视频成为用户时长争夺的最大赢家。不过,随着短视频用户规模逐渐接近移动互联网用户总规模的边界,短视频的高速扩容正在走向终结。短视频逐步成熟,同质化内容无法立足。内容端的专业度与垂直度开始加深,行业的商业化进程提速,广告、直播打赏和带货成为最主要的商业模式,后两者都表现出显著的广告特征。总体来看,短视频商业化加快了内容快速积累和广告模式创新的过程,行业进入内容生态竞争的新阶段。

(二) 增量市场下双寡头竞争格局稳定

带宽和网速的进步带动了短视频的崛起,5G 对 AR、人脸识别、动作捕捉等科技新成果应用于短视频的推动,带来了无限的想象空间。截止到 2019 年 6 月,短视频继续保持高速增长,用户持续向下沉市场渗透。百度、腾讯、阿里纷纷入局短视频新赛道,进入新市场,并带动其他行业主体入局,增量市场特征明显。

据 QuestMobile 提供的数据,2019 年 3 月,头条系去重后用户规模超过 5 亿,快手增长至 3.6 亿,百度通过大体量的营销活动跻身亿级俱乐部。从用户规模来看,头条系(抖音为主)和快手依然是短视频领域不可撼动的霸主。短视频市场经过 2018 年的激烈竞争,依然呈现出以传统两强为代表的双寡头格局。考虑到腾讯投资快手、快手投资知乎等竞争举措趋于频繁，短视频市场依然存在变数。

（三）短视频商业变现途径

随着短视频用户规模与移动互联网用户总规模的距离逐渐拉近，短视频平台从流量竞争逐渐过渡到比拼优质内容、完善商业化的下半场。根据快手和抖音提供的数据，广告营销和直播成为短视频平台2018年两大收入来源。此外，快手和抖音与外部电商达成重要合作，电商导流和带货将成为两大平台的重要商业路径。

具体来看，变现的直接推动力来自广告产品矩阵的基本形成及与合作方商业合作关系的确立。合作方式有两种，一种是与自身平台上的KOL确立商业关系，比如企业蓝V系统与KOL搭建广告交易平台；另一种是与外部平台的商业合作，比如抖音与淘宝建立商业合作关系等。

（四）日趋白热化的强竞争关系

短视频领域竞争激烈，趋于白热化，用户数量和用户时长争夺依然是重点。此外，内容和商业化竞争成为行业焦点。抖音、快手和百度系、腾讯系，构成了短视频竞争的基本格局。次要参与者还有美拍、秒拍等小体量玩家，包括陌陌、映客、B站等平台。抖音和快手形成的二元格局是短视频行业的基本面。腾讯系和百度系限于体量，无法在正面战场上与两者直接竞争。但背靠各自强大的生态矩阵，对短视频格局也会产生重要影响。2019年，腾讯选择对快手开放朋友圈，意味着腾讯联合快手与抖音竞争，让2019年的快手和抖音的竞争充满变数。快手、抖音和腾讯系依然处于用户争夺阶段，虽然它们将更多精力转向生态建设和商业模式探索,但并不排除继续深挖存量市场和开拓增量市场的可能。

1. 抖音主导与快手的竞争格局

据抖音、快手提供的数据,截止到2019年5月,抖音DAU破3亿,快手约2亿。虽然两者依然遥遥领先于百度系和腾讯系,但双方差距逐渐拉大。抖音依然没有放慢脚步,在用户获取方面持续投入重要资源和精力,试图甩开快手,体量之争是竞争的核心。据双方对外披露未经证实的数据:2018年抖音收入约200亿元,收入主要集中于广告营销;快手直播收入约200亿元、广告营销收入约20亿元。媒体调查显示,快手多个头部红人靠纯直播打赏净赚5000万元以上。在营收来源上,抖音和快手看上去更像两个截然不同的平台,收入类别迥异,这迫使快手加快在广告营销方面的布局,重点在信息流上集中发力。对抖音2019年的收入预期,彭博社、界面等媒体推测将达到500亿元,网易科技调查推测其信息流广告将至少占到八成以上;快手则给出了400亿KPI,广告收入预计将超过100亿元。

根据尼尔森在2018年6月至8月针对快手上部分卖货商户进行定向调研数据显示,在接受调研的商户中,48%从快手上直接接到了生意,42%在快手上年收益超过10万元,平均每个视频可以带来1068元的收益。对有些商户来说,快手交易额甚至能占到一半以上。快手电商员工认为,快手上卖货的主播和粉丝间是经过长时间积累所形成的"熟人"或"朋友"关系,彼此间有信任度和忠诚度,这就是快手引以为豪的"老铁关系",也是快手区别于其他短视频平台的最大特点，是快手直播能冲刺200亿元的主要原因。抖音电商化探索比快手更早，抖音带火的"小猪佩奇手表"一度导致全网断货。2018年"双十一"，抖音购物转化销售额达2亿元；"双十二"期间，为淘宝和天猫带来的交易单数超过120万。抖音上线购物车、商品橱窗，推出精选好物联盟、蓝V企业号、POI权益、抖音小店、商品搜索功能等。抖音试图放大自身的电商价值，首批推出的电商小程序不仅缩短了用户购买产品时的交易链路，还能通过社交链和信息流裂变释放更大价值。

2. 腾讯投资快手：大小巨头之争

抖音和腾讯系表面上看是短视频竞争，但短视频对用户使用时长的高占比，多少已影响到用户对微信的使用时长，字节跳动高速增长的用户数量更加重了腾讯的担忧。在2019年7月召开的首届抖音短视频影像节上，抖音市场总经理支颖透露：截至2019年7月，字节跳动旗下产品总日活用户超过7亿，总月活超过15亿，其中抖音日活用户超过3.2亿，这进一步加重了腾讯的压力感。2018年，腾讯一举推出微视、下饭、速看、时光、有视频五款短视频应用，重金投入且大资源扶持，甚至不惜重组集团事业部。但到2019年年初，腾讯系短视频用户未能超过9000万，而字节跳动短视频矩阵总用户则达到5亿，两者不在一个量级。但背靠强大的产品生态，腾讯系依然具备影响市场格局的能力。值得注意的是，短视频在用户时长方面的高占比，触及各细分领域App的应用率，使短视频竞争正在向外部溢出。抖音和腾讯系的竞争，成为围绕用户时长展开竞争的缩影，一是巨头间的竞争，二是行业间的竞争。2019年7月前，微信朋友圈禁止快手、抖音分享，腾讯极力将资源向自有平台倾斜。7月以后，腾讯解除对快手的分享禁令并投资快手，联袂与抖音（字节跳动）展开竞争。

五、KOL、红人激活视频流量

（一）MCN化的KOL、红人介入广告公司业务范畴

随着内容生态日趋复杂和个性化，媒介触点因此而变得更为多元。作为视频流量主角色存在的KOL和红人，在短视频语境下成为更具话语权的媒介发声通道。根据中国亚马逊提供的数据，目前市场上75%的品牌都有借力KOL营销的意愿。KOL、红人们不仅是内容生产者，更是品牌接触用户的关键通道。根据麦肯锡的数据，被信任的KOL带来的口碑效应是付费广告的两倍，吸引来的客户比其他获客渠道留存率高出37%。利用这些更理解用户和更贴近用户需求的KOL、红人，以内容创意切入广告公司腹地，将在一定程度上替代广告公司所发挥的作用。

2018年，很多网红都通过推出自有品牌取得巨大成功。2019年4月，电商网红张大奕所属的如涵控股在美国纳斯达克上市，是国内第一位通过资本市场IPO的KOL。随着MCN手中集中越来越多的KOL、红人资源，无论是走向自建品牌，还是将自己定义为广告公司，都意味着KOL、红人单打独斗的时代已经远去，更为专业、分工明确且具有产业意识的主体机构化已然成为趋势。由于视频是当下最优质的媒介形式，KOL、红人构成的视频流量主正在成为MCN的基本盘，随着

5G时代的来临,这种趋势越发明显。红人、KOL的MCN化让个体摆脱了单兵作战的状态,对广告主来说意味着投放流程逐渐实现了规范化和标准化。MCN作为服务性角色,在很多功能上逐渐向广告机构过渡,对传统广告公司具有一定替代性。值得关注的是,作为介入广告服务的新势力,MCN对广告的传统定义将会有一定的突破和延展。MCN机构的基础作业链如图4-12所示。

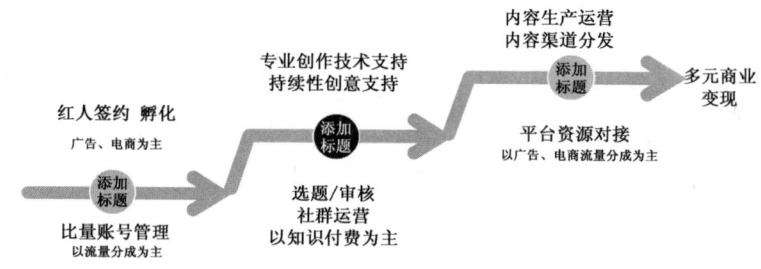

图4-12　MCN机构的基础作业链

自媒体价值排行机构克劳锐发布的《2019中国MCN行业发展研究白皮书》数据显示,截至2018年12月,MCN数量已超过了5000家,90%以上头部红人被MCN公司签约,红人、KOL的MCN化成为市场的基本盘。根据快手提供的数据,进入2019年,全网MCN数量超过6500家。其中短视频MCN数量3000家,接近总量的一半。2018年,微博、微信、抖音、快手、百家号、头条号、淘宝、小红书、汽车之家、B站等平台均加强与MCN机构的合作,拥有优质内容生产能力和运营能力的MCN是平台关注和争抢的重点资源。

(二) AI和算法助力KOL营销

当前,视频平台和KOL的合作日益深入,平台提供大数据、算法使KOL营销效率得以大幅提升。以抖音、快手为代表的短视频平台将这种"技术+KOL"组合策略推向广告主和品牌,被市场广泛接受。这不但节省了跟踪营销活动的人力、时间、金钱和精力,也让KOL营销更加科学、合理。电商和广告主看到基于大数据、算法和AI的推荐机制背后的精准到达和兴趣匹配,基于KOL、红人的流量带货,成为2018年最流行的投放方式。由此带来的改变有两个方面:首先,广告投放从娱乐KOL开始到垂直细分。垂直类KOL崛起后,广告主选择KOL的策略,也逐渐从泛娱乐转向垂直化,其营销价值能达到泛娱乐类资源的2~3倍。其次,KOL的营销价值从"娱乐流量主",转化为最有力的种草流量和带货流量。目前,最强带货的KOL、红人,主要分布在抖音、快手、小红书和淘宝直播等平台。

(三) 优质资源为核心的竞争关系

1. 平台竞相扶持MCN

MCN在内容产业链里扮演的是连接者的角色,核心是创作者与平台的连接。在商业变现方面,连接主体包含广告主、电商平台、版权购买方等。由于KOL、红人逐渐成为流量入口,商业变现端越来越成熟,这些优质资源成为平台争夺的对象。平台用资本、资源、流量、政策对MCN机构进行扶持,以此来争夺红人资源。因此,包括微博、微信、抖音、快手、头条号等在内的诸多平台,在2018年几乎不约而同地宣布了各平台多维度扶持MCN的战略及合作方式。

2. MCN抢夺KOL、红人

不仅平台对红人的争夺趋于激烈,MCN间对红人的争夺同样不可开交。随着越来越多的MCN机构及自媒体向垂直方向深耕,未来垂直类账号竞争将进一步升级，一些内容属性雷同、粉丝量及互动量类似的账号或将面临生死搏杀。打造自身鲜明的不可替代的 IP 特质，将建立起未来各个机构、达人应对同类竞争的有效壁垒。毫无疑问，各视频平台及明星经纪公司、传统品牌企业等内容产业链条的多方角色，都会加入对优质资源的争夺战中，具备持续生产优质内容能力的红人或明星，将成为多方追逐的重点营销资源。

3. 体制媒体大号与 KOL 间的竞合关系

在短视频市场中，传统媒体和 KOL 之间的竞争同样值得关注。作为体制媒体的大号与市场化的个人、机构大号间的竞争，将成为竞争的主战场，竞争的主要领域主要集中在视频新闻、微综艺和微剧。由于体制媒体在新闻方面拥有独特资质和敏感度，体制媒体占据头部的优势越来越大。近两年，KOL 逐渐表现出对体制媒体的信息进行再加工的兴趣，并开始进行较为默契的合作。体制媒体大号负责一手信息的采集与核实；市场化 KOL、机构等大号负责二次加工。自 2018 年以来，虽然社交媒体用户在发布第一现场的信息上具有时效优势，但在对信息的权威性和真实性进行核实、认定的能力上，体制媒体大号依旧具有明显优势，几乎垄断了头部视频新闻的首播权。体制媒体大号与 KOL 之间的竞合关系，会在一定程度上推动了视频业态环境的优化。

第五节　信息流广告

基于数据、算法、AI 进行精准用户画像，通过模拟信息环境，在信息流中匹配给用户的信息化、内容化和智能化的广告，称为信息流广告。

一、综述：巨头入局，市场规模可观

信息流是通过大数据、算法和 AI 进行信息降噪，帮助用户有效获得有价值的信息，提高信息呈现的有效性。信息流广告是基于这种信息呈现方式所构建的广告产品，通过技术实现信息的智能分发，通过信息流广告帮助广告主实现变现。

信息流广告自然融入信息资讯流中，不破坏用户体验和浏览环境，以原生态的展现方式，将浏览注意力转换为广告注意力，吸引潜在用户的关注，将广告可能引起的用户反感降到最小，是在用户、媒体和品牌之间找到平衡空间的有效方式。同时，信息流受广告位的限制较小，解放了媒体的广告库存，让媒体看到了更广阔的商业空间。借助 AI 智能分发，广告以资讯和内容形态呈现，"信息找人"的新形式有利于广告效果的提升。

在信息流广告的统计口径上，除包含社交、新闻、视频等外，还将搜索、应用、浏览器等应用工具计算在内，市场份额达到22.5%。2018年，信息流广告表现突出，在互联网广告的整体占比上提升明显，其规模仅次于电商广告，市场预测未来将有更大的发展空间。

当下，信息流广告市场已成为媒体和互联网巨头的必争之地。微博于2012年最早切入信息流广告，随后各媒体、资讯平台纷纷效仿。2016年以来，百度、腾讯、阿里、字节跳动等巨头纷纷入局，信息流广告市场迎来黄金时期。根据市场公开数据，2016—2018年，信息流广告增速分别为109%、91%、58%。截止到2019年6月，虽然整体广告市场受到广告主预算收窄的影响，但信息流广告依然保持着高速发展的势头。

信息流广告基于用户多重标签精准画像进行匹配投放，能大幅提升广告效率。依托第一方和第三方监测体系的监督，能确保广告效果的透明、实效。随着自然语言处理技术的不断发展，信息流从图文进阶到视听，并开始向声学领域延伸。目前信息流已实现在全网层面的覆盖，将互联网广告推向崭新阶段。精准触达不再是某个领域或某个平台的护城河，而成为互联网广告的基本特征。广告的迭代进化开始以"技术驱动"为中心，而不再完全依赖媒体进化，这在互联网广告的发展历程上具有划时代意义。

2018年至今是信息流广告市场发展的关键阶段，市场格局初现，以头条、百度、腾讯为首的头部媒体加速整合业务，深度拓展市场，呈现出寡头化趋势。传统门户的信息流化转型，也带动了广告营收的增长。随着短视频的爆发式增长，媒体及代理方纷纷布局短视频信息流业务，短视频信息流广告出现高增长态势。广告主对信息流广告的认可、重视程度大幅提升，从测试、试验逐渐走向常态投放。进入到2019年，信息流进入商业变现高峰，成为移动广告变现的主要形式。头部信息流的格局越发明朗，头部竞争从流量之争走向生态竞争，并确立起各自的竞争优势。

表4-3 中国信息流广告发展历程

新浪	2012微博信息流发布测试版广告	2014第二季度微博信息流广告正式上线	2016信息流广告约占总供给收入的五成	
今日头条	2012年3月张一鸣创建今日头条		2012年4月信息流广告正式上线	
腾讯	2014年3月广点通宣布在QQ空间移动端推出信息流广告	2015年1月微信朋友圈信息流广告上线	2015年12月微信"图文+短视频"形式的原生广告上线	2017年2月腾讯新闻客户端巨幕信息流广告正式上线
网易	2014年8月网易发布了新闻客户端的最新的4.0版本，引入信息流广告			
搜狐	2015年3月搜狐新闻推出视频信息流广告			
陌陌	2015年5月陌陌推出原生广告营销系统信息流广告正式上线	陌陌视频信息流广告上线		
UC	2016第三季度UC头条信息流广告上线			
百度	2016年10月百度信息流广告正式上线			
360	2016年11月坤伦万维以及奇虎360围绕Opera在移动端和桌面端的浏览器开展信息流广告服务			

2018年，社交、资讯、短视频领域的主流参与者集体进入信息流广告领域，市场进入高度竞争阶段。信息流广告经过近九年发展，头部效应加速。作为第一梯队的腾讯、字节跳动、百度，各自收入规模已达百亿。新浪微博作为国内最早的信息流广告平台，规模在80亿量级左右。腾讯信息流广告通过微信、QQ、QQ空间、腾讯联盟广告、

天天快报等，覆盖超过 8 亿用户，生态体系规模庞大。字节跳动的信息流广告主要依托于核心产品今日头条和抖音，分别在资讯和短视频领域领跑。百度信息流广告产品 2016 年上线，依托手机百度 App、百度首页 WAP 端、百度贴吧、百度浏览器 App 等，绝大多数为移动端产品。

二、市场竞争态势

（一）红海市场格局基本形成

由资讯、社交和短视频构成的纯内容领域，作为信息流的主流市场，因各方入局较早，产品较为完善，竞争激烈，市场趋于红海化。资讯、社交、短视频等主流平台的用户增长放缓，各个平台的内容差距在缩小，分发渠道的营销价值受到重视，用户规模和体量成为平台的核心竞争力。信息流广告作为典型的技术驱动型广告，因各市场主体间的技术代差逐渐消失，越来越多的参与者涌入其中，各方围绕用户规模和体量展开激烈竞争。由于深度学习、数据分析等理论层面的问题难以在短期内实现更大突破，以体量和渠道决定竞争格局的局面将持续较长时间。

（二）内容同质化严重，巨头主导市场

过去几年，各平台的媒体补贴政策不断升级。腾讯推出"三个百亿计划"，升级企鹅号内容生态；字节跳动推出"千人百万粉"计划，投入 10 亿元到悟空问答；百度推出"百万年薪计划"，启动"千寻奖"内容创作大赛；UC 大鱼号 2018 年签约 1000 个独家年度合作账

号；2019年7月快手推出"光合计划"，宣布未来一年将拿出价值100亿元的流量，为10万个优质内容创作者的成长加速；凤凰号改为大风号，10亿资源扶持优质内容，等等。媒体试图争夺更多内容资源，以此来提升内容品质和内容产品的丰富性，争夺用户时间。但在头部优质内容生产者基本盘稳定的情况下，出现了内容严重同质化及打擦边球、低俗化的现象，加之碎片化的内容分布和平台割据，让用户的浏览疲劳期提前到来，这种现象在社交、短视频和资讯构成的主流市场尤为严重。

腾讯、字节跳动大力扶持自媒体、短视频、MCN等内容生产方，以巩固现有的内容基础，并尝试通过对组织结构的调整强化对资源和渠道的控制，凸显出头部媒体的渠道和用户规模优势。据公开数据分析，截止到2019年6月，以字节跳动、百度、腾讯为首的头部平台，占据整个信息流广告市场份额的70%左右。

(三) 媒体巨头、短视频平台和传统门户角逐信息流市场

对信息流而言，2018年以来以下三股力量对推动信息流市场的发展起到了重要作用。

一是以腾讯、百度和字节跳动为代表的媒体巨头，通过资源整合与市场开拓，垄断了信息流70%左右的市场份额。

二是短视频火爆，带来短视频信息流的跃升。根据CNNIC提供的数据，从2018年12月份开始，短视频以6.48亿的用户规模领跑网络视频。进入2019年，短视频仍保持着较高的发展速度。据有关媒体透露，2018年抖音的总营收中，来自信息流广告的营收占比超过八成。据QuestMobile预测，2019年信息流广告与短视频广告规模将近2500

亿。未来两年内，短视频广告规模超过 1300 亿。短视频的爆发式增长，是信息流广告最重要的驱动力之一。

三是门户长期以来营收端的低迷，迫使其加速向信息流转型。今日头条作为早期信息流成功者，成为门户转型效仿的对象。尤其进入到 2018 年，门户营收端压力与今日头条高速发展的信息流模式形成鲜明对比。曾经作为网易、搜狐、新浪等传统门户生命线的品牌广告，营收普遍下滑，直接拖累门户广告营收的增长。传统门户网站积累下的海量信息资源，在行业大趋势的推动下转身投入信息流的怀抱势在必然，无疑是信息流广告的重要参与者。

（四）图文信息流广告仍是主流

2018 年及 2019 年上半年，视频信息流广告的普及度仍远低于图文信息流广告。从广告主的选择倾向来看，在信息流的大广告主中，除了游戏行业视频信息流广告占比超过 60% 以外，旅游行业在视频和图文选择上占比分别是 30% 和 70%。在教育行业、网服电商领域，视频投放占比仅为 10%，图文信息流则占到 90%。究其原因，一方面是因为视频信息流的技术门槛更高，部分媒体短时间内缺乏参与市场的竞争力，从而被拦在主流竞争区域外。另一方面，用户的图文使用惯性大，市场对新载体的认可仍有一定的滞后性。从增长态势上看，对比 2017 年，短视频信息流广告的占比增长率较快，教育行业、网服电脑行业的增长都超过 100%，旅游行业接近 100%，这一情况值得重视。

(五)巨头攻防战日趋激烈的竞争态势

1. 字节跳动正面挑战腾讯地位

今日头条 App 通过智能推荐的形式将信息流带向产业新高度,其经营模式逐步威胁到传统巨头的优势领域,这一苗头从 2018 年上半年开始显现。《QuestMobile 中国移动互联网 2018 半年大报告》显示,截止到 2018 年 6 月,腾讯系 App 总使用时长下降 6.6%,字节跳动系则增加 6.2%,字节跳动几乎被认定为抢走腾讯用户和时长的直接对手。截止到 2019 年 3 月,根据公开数据显示,字节跳动旗下用户总时长仅次于腾讯,且保持较高增速。综合彭博社、界面、网易科技调查等新媒体机构的推测,2018 年字节跳动的总营收为 500 亿元,信息流广告将占总收入的 80% 以上,折算后约为 400 亿元,这一结果与腾讯财报披露 2018 年腾讯广告营收 581 亿元的数量差距不大,彭博预测 2019 年字节跳动广告营收有望超过腾讯。字节跳动主要凭借信息流广告追赶腾讯,这一基本竞争面毋庸置疑。

无论营收端还是用户数据,都让腾讯压力陡增。为应对挑战,腾讯着手进行微信改版,新版微信公号文章"点赞"变为"好看",点击"好看"能将文章推到"看一看",用户能便捷地发现好友推荐的文章,与好友进行互动,给优质公众号内容更多曝光机会。微信"看一看"功能综合了文章在"好看"的热度、用户兴趣、质量等多方面因素,对朋友认为好看的内容进行综合排序。微信同时增加短视频"时刻视频"功能,这一动向意在对标抖音。腾讯多次抢夺短视频红利未果,试图在微信上全面收复失地。微信把微博故事、ins 故事、

YouTube 故事、Facebook 故事擅长的点击头像看视频的功能引进来，经过此次改版，微信将以往割裂的社交和内容两大体系连接起来，实现互相导流。尽管微信表示不会重复现有的信息流模式，但对"好看""看一看"的调整无疑是对微信内容的信息流进行了强化，双方信息流争夺战进入正面战场已成事实。

2. 微博重塑竞争力的艰难探索

微博作为信息流领域的开拓者，在 2018 年前拥有一定的竞争力。随着字节跳动系旗下抖音和今日头条 App 两款产品用户的大规模扩张，百度在信息流领域呈现爆发式增长，腾讯旗下的产品也深度切入信息流领域，步步紧逼第二次扩张大幕即将落下的微博逐渐失去开拓者的优势。根据 2018 年新浪财报显示，微博月活跃用户 4.62 亿，日活跃用户 2 亿，全年总营业收入 114.4 亿元，其中微博信息流广告营收超过微博总营收的八成。微博的广告营收从 2018 年开始到 2019 年上半年，一直处于增速放缓的状态。微博从核心竞争者逐渐被推向边缘，现存的优势在于月活规模及与三巨头旗下独立的代表性产品尚可一搏。微博的社交功能和新浪的门户功能组合在一起，要想在信息流领域有所作为，也将会是较为艰难的探索。

纵观各大传统新闻门户网站，门户新闻客户端所呈现的不再是单纯的新闻资讯，而是"新闻+个性化"内容，新闻客户端已成为信息流平台。根据 QuestMobile 提供的数据，2019 年 6 月，新浪新闻活跃用户破亿，日活达 3622 万，活跃人数超过腾讯新闻极速版近 3000 万，日活跃用户超过网易 1200 多万，相较网易、趣头条、一点、凤凰、搜狐等，优势很大。如果撇开腾讯和今日头条App，在所有新闻门户当中，新浪新闻位居首位。根据新浪提供的数据，新浪新闻月活跃用户规模已连续14个季度保持增长。但跟头部平台相比，新浪新闻和腾讯新闻、今日头条有很大差距，档次已经拉开。

在此情况下，新浪和微博试图通过数据、内容打通以增强竞争力。背靠微博，新浪建立起特殊的内容价值，新浪门户相比传统门户拥有流量优势和基于微博社交链的更好黏合度。"新浪门户+微博"是数据优势与社交优势的组合，由此建立起的信息流护城河，的确比独立门户有更高的价值，依托于组合体投放广告对广告主来说更有吸引力。这一优势显然在传统新闻门户领域更有价值，但放眼更广阔的竞争格局，重建门户在整个信息流领域的竞争优势，显然面临着较为艰巨的博弈。

3. 百度以"搜索+信息流"阻击字节跳动

百度2016年9月进入信息流市场时，头条已发展了4年。2019年1月，百度App的MAU超过2.5亿，稳固了其作为头部平台的行业地位。同时，百度在传统搜索阵地还拥有3.8亿MAU，是第二名搜狗的9倍。基于百度累积的用户规模优势和搜索的用户需求匹配能力，加上百度在AI上的技术积累优势，目前已形成"搜索+推荐"的特色信息流产品。搜索本就是源自用户的主动行为，比综合资讯和社交类信息的"兴趣图谱"更加接近用户的真实意图。通过搜索数据，接入AI分析技术实现内容分发，这让百度的信息流较其他平台更有优势。信息流赖以存在的内容生态，正在为搜索提供有效的内容补给。

百度信息流平台涵盖百家号、贴吧、浏览器等，凭借搜索关键词定向优势，在对用户精准洞察方面具有一定优势。除此之外，无论是资讯还是视频，百度的信息流产品虽不是该领域执牛耳者，但系列产品矩阵对用户时间的占用和瓜分是显而易见的。作为流量入口的搜索引擎，与这些信息流产品形成叠加效应，是百度信息流迅速崛起的重要原因。根据百度财报数据显示，百度2018年营收突破1000亿元，信息流业务成为主要驱动力。"搜索+信息流"正式成为百度的业务支撑标签，让进入移动时代初始阶段出现不适症状的百度得以渡过最艰难的时刻。

百度凭借累积下来的搜索用户和经营经验，在信息流领域的业务得到迅速推广。以目前的市场表现来看，百度布局信息流卓有成效。百度财报显示，信息流和搜索成为百度的双引擎，前者是百度2018财年营收和净利润增长的主要引擎。2018年，百度短视频发力，中标2019年央视春晚独家网络互动平台，包括好看视频、全民小视频等百度系App试图借助春晚营销实现流量突围并取得预期效果：好看视频和全民小视频月活数据达到9823万，接近亿级阵营；截至2018年12月，百度App日活用户1.61亿，同比增长24%；百家号创作者从2018年9月的150万增长到190万；百度智能小程序月活用户达1.47亿，环比增长30%；百度信息流用户使用时长同比增长112%。AppAnnie数据显示，2019年1月，中国iOS和安卓总榜综合月活用户排名中，百度App位列第六。

在信息流领域，百度作为后来者势头强劲。即便是作为信息流巨头的字节跳动，同样感到了压力。与此同时，2019年初，今日头条搜索正式启动商业化，矛头直指百度。2017年，依托于今日头条App，字节跳动开始尝试搜索业务。如今，除基本的站内搜索功能外，在今日头条App上已可以搜索不少来自站外的内容，功能与百度、360等搜索引擎没有明显差别。显然，双方都开始触及对方的优势领地，而且都取得了一定的成绩，竞争态势因此而变得越发激烈。

三、行业监管日趋严格

信息流版权模糊、内容低俗化及部分信息流广告游走于灰色地带，引来了市场的强力监管，2018年信息流广告的监管压力进一步增强（见表4-4）。版权问题不仅存在于新闻资讯领域，短视频领域同样广泛存在，未经原创同意擅自剪辑和商用的问题十分常见。同时，信息流广告投放门槛低，平台方的信息流广告审查机制不够完善，各自的投放标准不同，给了"擦边球"广告以生存土壤。究其原因，一方面，大量小微广告主涌入市场，更倾向于以效果为导向，对品牌塑造并不关心，追求短期效应产生了一定数量的灰色广告。另一方面，基于用户画像制造的信息茧房，让内容生产完全围绕用户兴趣展开的绝对化倾向，导致内容的低俗化。2018年，因低俗信息、违规提供互联网新闻信息服务等问题，多个客户端负责人被约谈，部分客户端出现暂停更新现象，某些产品甚至出现多次从应用市场下架的情况。进入2019年，内容和广告两个方面虽然都有很大程度的改善，但监管力度依然处于高压状态，围绕内容的监管措施和法规进一步加以完善。监管方向也从此前的突发性和偶然性，走向常态化和制度化，灰色问题将在一定程度上得到根治。

表4-4 2018年行业政策监管加强

2018年	政策监管加强
1月	人民日报发文互娱监管机构加强对信息流监管。
2月	国家工商总局发布《关于开展互联网广告专项政治工作的通知》，整治以社会影响大、覆盖面广的门户网站、搜索引擎、电子商务平台、移动客户端和新媒体账户等互联网媒介为重点。
4月	网信办依法约谈快手、火山小视频，责令全面进行整改。 今日头条、网易新闻、天天快报、凤凰新闻被责令暂时下架。 国家新闻出版广电总局责令今日头条永久关闭"内涵段子"客户端软件及公众号，要求全面清理类似视听节目产品。
5月	暴走漫画由于调侃亵渎英烈，旗下产品无限期关停整改，文化和旅游部表示将从快从重处罚。
6月	北京市网信办、工商局针对抖音在搜狗搜索引擎投放的广告中出现侮辱英烈内容问题已发约谈查处抖音，并暂停其广告投放业务。
7月	秒拍因内容违规被国家网信办约谈，App也遭多个应用商店下架。 哔哩哔哩接受国家相关部门对网络短视频行业的集中整治，App暂时下架。
9月	国家网信办针对凤凰网部分频道、"凤凰新闻"客户端及WAP网站传播违法不良信息、外区篡改新闻标题原意、违规转载新闻信息等问题，依法约谈凤凰网负责人，责令停止违法违规行为。
10月	国家网信办会同有关部门开展自媒体乱象集中清理整治专项行动。
11月	国家网信办约谈微信、微博等数十家自媒体平台。

监管力度的持续加大对信息流广告市场的发展将产生一定的阻滞作用，但总体上有利于这一市场的健康发展。从局部上看，由于互联网监管采取的是平台连带责任制，首先受到监管影响的是媒体平台本身。媒体平台不得不进行策略调整，将带来全方位的影响。内容审查

会在一定程度上改变唯速度和流量论的思路，促进内容质量的逐渐提升，而强监管也会迫使平台将一部分游走于灰色边缘地带的广告主挡在门外。总体而言，监管让内容市场的秩序得以有效校正，会在某种程度上削弱智能分发机制带来的信息茧房效应，长远上看将有益于信息流广告市场的持续、健康发展。

第五章

全球营销趋势展望

  马云在最新演讲中指出：2019年充满机遇与挑战。无论宏观环境走势如何，营销人首先必须准确把握当前的营销态势。本文将综合凯度、GlobalWebIndex、《广告时代》、IBM等权威机构的报道，从广告支出、媒体、零售、技术等多个方面分析及预测2019年的市场营销景观。

一、全球经济增长趋缓波及全球广告市场

投资银行瑞银集团（UBS）预计，2019 年全球经济增长乏力，市场全球化进程遇到一定阻力。WPP 群邑、埃培智 Magna Global 以及阳狮 Zenith 纷纷指出，2019 年广告支出的增速将不及 2018 年。

Pivotal 研究集团的高级分析师 Brian Wieser 强调，广告行业的命运与整体经济密切关联。"突然间危机成为企业评估自身行为的好时机。广告主对于预算的审查力度要比过往更强。"他说。

2018 年年底，群邑将 2018 年与 2019 年的全球广告支出增长预期分别从 4.5% 与 3.9% 调低至 4.3% 与 3.6%。企业缩减开支保留利润的做法、中国经济增长趋缓都是群邑降低增长预期的因素之一。

愈演愈烈的全球性贸易战对于经济危害持续加深，尤其冲击到有着众多大型广告主的汽车行业。2018 年年底，通用汽车宣布计划在美国和加拿大裁员 1.48 万人，并关闭北美多家工厂。福特也停止在美国生产福克斯车型，决定从中国进口。

Magna 预测，2019 年全球广告支出仍然延续将近十年的增长态势，不过增速将明显放缓。因为相比上年度，2019 年可以预见的大型活动与赛事要少许多。

Zenith 估计 2018 年全球广告支出有望上涨 4.5%，达到 5810 亿美元。2019 年同比增长率为 4%，相比 9 月份预测的 4.2% 略微下滑。

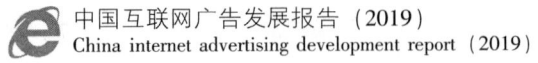

群邑统计得出，支出前十的国家对2019年广告预算增长的贡献高达83%。中国依旧为最大的贡献者。其余还包括美国、印度、日本与英国。电通安吉斯的最新广告支出报告显示，亚太地区预计将成为2018年全球广告支出增长的主要贡献者。

经济衰退是人们开始频繁提及的话题。李奥贝纳北美区首席执行官 Andrew Swinand 表示："一些客户对于2019年相当悲观。在与许多企业高层交流的过程中，我了解到很多人正在未雨绸缪。一些零售商与消费品企业已经开始考虑如何缩减开支，他们更加注重营业利润，对于业务增长没有抱太大希望。"

2019年年初的国际消费电子展上，许多广告主谈到，经济衰退似乎就在眼前。"他们对未来的经济走向深表堪忧。许多品牌正在全面评估今年的广告预算。"WPP 旗下代理 Wavemake 的内容与体验总监 Noah Mallin 表示。

在流动性日益趋紧的经济局势下，品牌倾向于缩减支出，但这未必是最佳战略。有时候逆势扩张反而可能会取得成功。早在上一次经济危机，R/GA Digital Studio 的媒介管理总监 Tahira McGhee 曾建议品牌勇敢推出新品，在竞争对手退缩的时候抢占市场份额。"一个决定大举投资的品牌来年极有可能成为行业佼佼者。"她说。

二、互联网企业的广告支出增长持续强劲

在《广告时代》最新的全球百强广告主排行榜中，三星凭借112亿美元的广告与促销经费，取代宝洁跃为全球最大广告主，较之上年

增幅达 13%，当然这与三星投入重金改善爆炸门后的受损形象不无直接或间接的关系。

2017 年百强广告主的广告总支出达到 2790 亿美元，同比增长 4.9%。其中 10 家互联网企业在全球的广告总支出增长 29.6%，而余下 90 家公司仅上涨 2.6%。Alphabet（谷歌）、奈飞、亚马逊 2017 年的广告支出分别提升 32%、29% 以及 26%。

个人护理及家居用品是百强广告主中最大的品类，14 家企业总计花费 520 亿美元。汽车广告支出位居第二，16 家汽车制造商投入 470 亿美元。

百强广告主 47 家位于北美，欧洲 31 家，亚洲 22 家。其中美国有 44 家，紧接着日本 13 家、德国 10 家、法国 9 家。中国有 4 家——阿里巴巴、腾讯、上汽与伊利，2017 年它们用于全球的广告支出总体上扬 45%。

阿里巴巴 2017 年的全球广告与促销支出翻番增至 27 亿美元，是百强广告主中增长最迅速的企业。腾讯上涨 46% 至 20 亿美元，增速排名第二。上汽与伊利分别提升 23% 至 20 亿美元，以及 6% 至 12 亿美元。

Ascend 2 调研报告显示，2019 年，64% 的营销商计划适度提升数字营销预算，24% 计划大幅提升预算，余下 12% 打算缩减预算。在他们看来，最为成功的营销战略主要包括：内容营销、搜索引擎优化、社交广告、数据驱动的个性化营销，以及营销技术。在数字广告形式中，Magna 主推付费搜索、社交媒介与在线视频广告。

虽然大多数传统媒介渠道发展低迷，但是户外广告风景独好。

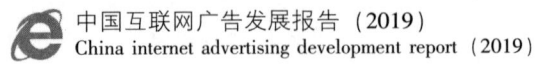

2019年户外广告将取得两位数增长，主要得益于新型技术的强大驱动力。互动广告局仅囊括广告收入至少能达到10亿美元的广告形式，他们将首次在每年两次的报告中融入数字户外。

凯度消费者指数的最新研究发现，户外消费将近占据全球零食与非酒精饮料开支的一半（41%）。咖啡等类别在户外的购买比率更是占到消费总额的70%。这为目前尚未考虑户外战略的零售商与生产商展现出巨大商机。加油站、地铁以及体育场的广告正在复兴。据悉，为了施展对好莱坞的影响力，奈飞花重金买下洛杉矶日落大道的广告牌。

三、流媒体服务赶超传统线性电视

视频内容持续增长。2019年，视频内容有望再度主导市场。

视频不仅是最引人注目的传播途径之一，还迅速成为首选的内容形式。最近思科研究发现，未来三年，消费者82%的互联网流量将源自视频。视频是一种特别有效的宣传模式，可以融入购买旅程的各个阶段。

数字视频是新的购物窗口，甚至可以扮演销售代表的角色。谷歌搜集的数据显示，80%的顾客在线购物之前，会在YouTube上浏览与产品相关联的视频。

近日，Zenith得出一条有趣的媒介消费趋势：数十年来，在日常媒体使用方面，电视无疑排名第一，当前依旧如此。不过，过去十年里，互联网媒体（包括移动与桌面）的消费迅猛上涨，电视的统治地位可能很快被取代。

美国 FX 有线电视网委托的年度调查显示,2018 年整个电视台、高级付费有线频道与流媒体服务大约有 495 部剧在播映。这些数值标志着,电视数量相比五年前上涨 42%,同时还暗含传统电视制作首度被流媒体赶超。

FX 研究团队指出,2018 年流媒体服务推出 160 部剧,超出广播台(146)以及带广告的有线台(144)。HBO、Showtimes 这类高级付费有线频道总共产出 45 部。

为了有效对抗社交网络与科技巨头 FAANG(Facebook、苹果、亚马逊、奈飞与谷歌)的联合侵袭,电视媒体将增加收集广告的购买驱动数据,积极印证电视广告能够带来特定的业务效果,比如激励消费者试驾或者是最终让他们买下商品。预计大多数电视集团都会陆续发布可以衡量业务结果的产品,远非尼尔森传统的年龄与性别统计数据。

囊括传统电视台的传媒巨头也在流媒体服务市场积极寻觅商机,比如迪士尼、维亚康姆以及亚马逊引进新的业务模式与广告库存。在内容依旧为王的时代,电信巨头 AT&T 收购时代华纳,同样加入激烈的流媒体大战中。

随着"掐线族"持续增长,越来越多的观众转向联网与互联网电视应用,广告主也更加青睐 CTV/OTT 广告。实时优化相关广告平台以及监测观众反应成为 2019 年的重大课题。届时业界对于流媒体内容指标的需求越来越紧迫,因为在日益发展的点播环境下,传统电视评估方案逐渐失去意义。

四、社交媒介于娱乐中见营销

现在，社交媒介的角色不再仅仅停留于社交层面。

GlobalWebIndex针对美国与英国的数千位年龄在16~64岁的互联网用户展开调研，发现50%的受访者依旧使用社交媒介与朋友和家人保持联系，不过有趣的娱乐内容同样成为大家转向社交网络的主要原因（42%）。

总的来说，51%的用户会在社交媒介上观看或阅读娱乐内容，48%的人会点击帖子查看新闻，37%的人会聆听和发掘音乐。另外，超过1/4的人还会通过社交媒介购买产品或服务。

美妆品牌Glossier的成功证实，社交电商是一个不容忽视的平台。"简言之，社交电商是指通过第三方社交媒介平台购买商品的行为，比如：来自Pinterest的Shop the Look Pins，以及加入购物功能的Instagram Stories。"HootSuite全球社交营销高级经理Eva Taylor表示。

在成立美妆博客Into the Gloss之后，Glossier开始在Instagram平台构建社区环境，吸引顾客相互聚集。他们因此颠覆美容行业。传统来讲，美妆品牌倾向于在百货商场的底层开门店。消费者会在香水的诱导下，先试用后购买。然而在社交平台与名人效应的驱动下，Glossier在美妆界开启先买后试的购物模式。

Instagram正在不断拓展平台的购物功能。Salesforce估计，Instagram潜在的实力有望在2019年为平台带来3倍的流量增长。据Instagram透露，每天有4亿用户浏览Instagram Stories，浏览次数最多的帖子有 1/3 出自商家。这就意味着该平台存有大量的潜在客户，相关的购物形式市场前景广阔。

Pinterest、Snapchat 连同 Instagram 这类视觉平台促使新品的曝光变得越来越容易。品牌正在借助社交电商来缩短信息发掘与购买之间的距离。除了吸引消费者登录自家官网，品牌还试图在这些社交平台开创互动社区。

2018 年下半年，服装品牌 Tommy Hilfiger 联手 Facebook 推出 Messenger 应用，将社交互动与购物完美地结合在一起。用户可以邀请好友，彼此连接手机一起观看 Tommy Hilfiger 的 T 台大秀或 VIP 发布会等视频，而且可以把看中的商品加入愿望单进行购物。

社交媒介俨然成为消费者发现新品的场所。另外，随着平台功能的不断升级，他们更有实力为潜在消费者提供浸入式体验。数据的收集同样促使品牌可以开展个性化营销。总之，电商功能正在改变品牌与消费者在所有社交触点的互动方式。

毫无疑问，社交媒介成为消费者感官触角的延伸。我们会在社交网络上进行查阅、学习、购买、推荐，或者是展现自我或个人的兴趣。

社交平台已经从简单的网络互动发展为媒体介质再到内容制作中心，众多内容在这里交融，很容易重构新的创意。品牌完全可以巧妙而灵活地将娱乐与商业、内容消费及广告巧妙地融合在一起，重新定义未来的社交娱乐。

现在人们养成肌肉记忆似的拍摄本能。他们不仅仅会自拍和拍美景，还会拍停车的位置、名片、书籍等。这是一种巨大的行为转变。而社交电商的流行能推进视觉搜索的普及。分析公司 Gartner 表示，率先采用视觉与语音搜索的品牌的数字商务收入在 2021 年有望上涨 30%。

五、DTC 新贵崛起,倒逼传统品牌创意升级

运动鞋品牌 Allbirds、眼镜电商 Warby Parker 以及服饰电商 Everlane 这类直接面向消费者(DTC)的新兴品牌对老牌零售商构成一定威胁。它们源于电商领域,改变了人们购买化妆品、床垫等各类商品的方式,并且排挤掉零售中间商,让品牌自主掌握与客户之间的关系。

"直面消费者的品牌撬动整个零售生态系统,未来我们有望从颠覆中迎来新的营销准则。" Verizon Media 的零售副总裁 Sarah Martinez 表示。

为了跟上新兴品牌的节奏,大型品牌越来越焦虑,未来可能更多地涉足创意营销。他们还寻求收购现有的 DTC 品牌,或者是投钱自创新品,融入各式各样的 DTC 元素。比如,宝洁收购在电商平台进行销售的个人护理品牌 Walker & Company。耐克利用数据与科技不断启动"太空"系列。

过去十年间,规模较小的公司一直在蚕食快消巨头的市场份额。不过今年在小品牌与多样化战略,以及内在优势(能够轻松生产产品、筹集资金、现有销售力、关系群与供应链强大)的共同作用下,大型快消企业有机会收回控制权。

2018 年,饮料巨头可口可乐对关注度下滑的健怡可乐进行品牌升

级。其中包括开发新品、更新包装，以及花重金执行广告活动，意在扩大消费群体。整个战略卓有成效，尼尔森的数据显示，截至10月最后1周，健怡可乐的美元销售额上涨2%。这是一个巨大的逆转，因为截至2017年12月2日，健怡可乐52周的销量曾下滑3.7%。

"健怡可乐前景看似黯淡，很大程度上是因为千禧一代不感兴趣。值得赞扬的是，可口可乐的营销官们有勇气正视问题，并非听之任之。他们加入新口味，比如樱桃与生姜柠檬，并且挑选各式各样的后起之秀拍摄广告，博取年轻消费者眼球。"《饮料文摘》的执行编辑Duane Stanford表示。

可口可乐北美公司的健怡可乐集团总监Rafael Acevedo将新顾客的到来归功于"以上所有因素的协同作用"。其实可口可乐不仅仅重塑了健怡可乐，早在2017年公司就大幅调整无糖可乐。

可口可乐还加大步伐进行业务投资，其投资与新兴品牌部门（VEB）专门负责甄别与培养销售额有潜力超出10亿美元的品牌。2017年，VEB收购了时兴的气泡水品牌Topo Chico，2018年8月，拿下运动饮料Body Armor的部分股权。后者旗下有Kobe Armor，对百事可乐构成一定威胁。

与此同时，百货公司将历经一次复兴。郊区的商店通常识别度不够且库存不足。承包商、设计师、投资者及房东都畏惧风险，然而这恰巧是他们所需要的。梅西百货正因为大胆的创新尝试而赢取了全新消费者。

梅西百货通常被认为是亚马逊崛起的受害者，事实上它是表现第二佳的零售商。2018年，这家百货公司的股价涨超50%，在标准普尔

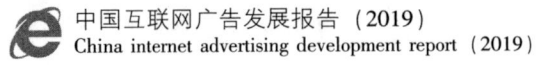

500 指数中排名第十。

梅西百货的业绩增长得益于诸多因素。首先，公司意识到数字业务是一片蓝海，不断优化在线购物网站与应用。其次，他们大举投资专业美容连锁店 Bluemercury 与折扣业务 Macy's Backstage。再者，公司关闭表现不佳的店面，并且出售部分房产，以此节省开支并提高利润。

"在亚马逊年代，敢于创新的零售企业可以生存下来。梅西正通过业务调整卷土重来。他们将电商与实体销售有效整合在一起。"WBI Investments 的首席投资策略师兼总裁 Matt Schreiber 表示。

现代人寻求简单与安逸。这正是亚马逊与丝芙兰，以及 Reverb、My Charity Marketplace、GlobalGiving 这类新生品牌成长背后的秘诀。如果时间是新的奢侈品，那么不断适应与调整是先决条件。枯燥乏味导致死亡。

六、营销全球一体化，结构重组带来效率提升

美国全国广告主协会的一份报告指出，内部代理正在飞速发展。虽然有内部代理选择关闭，比如：英特尔的 Agency Inside，不过企业发展内部代理的趋势有增无减。况且英特尔关掉内部代理主要是因为公司打算将业务重心放在 B2B。

除了自建内部代理之外，品牌越来越多地指望营销代理可以寻找和构建新的解决方案、优化现有营销技术，以及帮助整合数据与独特的技术系统。

虽然传统大型代理与控股公司明显感受到来自埃森哲、普华永道、IBM以及德勤这类咨询代理的威胁，但他们学会通过对内整合与对外并购的方式来重塑整个行业景观。

MDC Partners正式宣布将旗下创意商KBS并入Forsman & Bodenfors，组建一家新的全球创意网络。新公司将融合F&B屡获殊荣的创意能力与KBS专长的数据、分析、科技与媒介等专业知识。

埃培智以23亿美元收购安客城Acxiom营销解决方案部门，这是2014年阳狮收购Sapient以来代理行业最大的一笔交易。本次交易可以将埃培智自身的媒介、创意、营销服务以及分析能力、全球性规模和消费者洞察，与安客城在数据管理上的经验进行有效嫁接。

VML与Y&R合并为VMLY&R，这是WPP新任首席执行官Mark Read修复代理创意实力的重要举措。他指出："新店将成为WPP的核心代理品牌。VML和Y&R拥有独特的互补优势，涵盖创意、技术和数据服务，这些优势将因为合并而完美结合。"

继VMLY&R成立不久，WPP又有新动作，将伟门Wunderman与JWT合并为Wunderman Thompson。新公司将在全球范围内，从创意、数据、电子商务、咨询及技术的层面为客户提供端到端的服务。

营销商更加强调能够着眼于整个世界，跨多个媒介渠道树立统一的品牌形象，同时又能借用先进技术实现个性化营销。值得一提的是，体育赛事很容易将不同地区、不同民族的人们凝聚在一起，相关题材是品牌扩大全球触角的有效着力点。

2018年下半年，普华永道通过对全球数百位体育行业的领袖人物展开问卷调查，发布了体育行业调查报告。大家一致认为，电子竞技

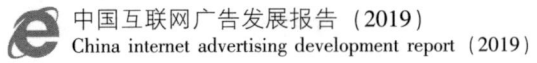

是未来三到五年最有发展前景的项目。

2018年电子竞技取得重大的结构性发展。特许经营联盟的引入使得电子竞技离传统体育模式更近一步。传统体育领袖（如NBA与F1）同时秉持进军电子竞技的强烈意愿。美国国家冰球联盟（NHL）宣布，2019年计划加大力度进军电子竞技领域。对于许多体育联盟而言，电子竞技是触及年轻粉丝与提高收入的重要方式。

2019年，电子竞技的持续发展与日趋流行将促使越来越多的电竞选手在全国与全球性营销活动中现身。2018年已有许多备受瞩目的案例，比如，电竞选手Uzi登上了耐克詹姆斯系列广告。

同样的，海飞丝聘请俄罗斯Dota2职业选手Ramzes666做代言。《堡垒之夜》知名主播Ninja出现在三星的一则广告中，并且成为ESPN杂志封面人物。

另外，随着电子竞技越来越受欢迎，规模越来越大，更多电子竞技馆随之产生。目前有许多场馆正在建设之中，有些2019年即将开馆。届时更多的营销商机也将扑面而来。

七、电商迎来"临界点"

除开目的导向型创意之外，2019年电商将成为许多营销商的业务战略重心。多年来，电商产业一直在稳步发展，最近凯度咨询和电商分析公司Profitero发现，2019年76%的受访企业正在增加电商投入，试图在价值3.5万亿美元的电商市场攫取商机。

"越来越多行业的电商投资达到临界值，这笔开销在企业总支出中所占的比例有潜力从最初的 2% 或 3% 增长到 10%–15%。"凯度咨询电商与数字洞察副总裁 Malcolm Pinkerton 表示。

"如何妥善处理与亚马逊、阿里巴巴这类电商巨头的关系，以及如何开始建立合理的直面消费者模式"成为当下头等难题。

对于快消品牌等传统营销商而言，迎合消费者的电商需求并非仅仅是找到在线销售产品的便利方式，与此同时需要匹配更多的产品与包装设计。汰渍 Eco-Box 洗衣液是宝洁面料护理电商创意集团针对电商渠道推出的首款产品，目前正在测试销售之中，未来有望普及开来。

阳狮电商战略副总裁 Jon Reily 指出，"宝洁通常在电商领域并非创新领导者，不过他们在战略布局上确实要抢先传统企业一步"。"这些举措确实会引发话题，但离快消品牌的终极目标还相差甚远。他们希望能脱离亚马逊与消费者建立一对一的关系。"他说。

亚马逊的营销策略即使对于最精明的行业人士仍是一个谜。虽然它是许多品牌的直接竞争对手，但也是一个卖商品与买广告的场所。无论是敌是友，首席营销官们都要专心钻研亚马逊。

"这件事情至关重要。如果你们还没有机会了解亚马逊市场，那么必须行动起来。"汉威士媒体集团绩效主管与执行副总裁 Christopher Apostle 提醒道。

2018 年 9 月，亚马逊宣布将其所有的广告产品与服务整合为全新品牌。亚马逊媒体集团（AMG）、亚马逊营销服务（AMS）以及亚马逊广告平台（AAP）目前都集合在亚马逊广告（Amazon Advertising）之下。此举意在优化广告业务、精简广告产品线。

广告业务分为三个战略方向：搜索、展示与视频业务。除开付费

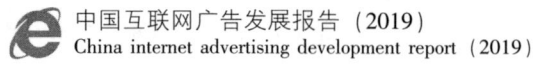

广告，这里还存有大量免费资源，比如产品列表页面、品牌商店以及客户评论。

"每当与亚马逊合作时，你们需要花一些时间确认每个渠道可以产生哪些特定效果。视频可以大幅提升品牌知名度，但是并不一定能推动销量。相反，有些广告位可以激发消费者的购买欲望，但是很难让产品大范围曝光。"VMLY&R 商务策略总监 Dan Pereira 表示。

亚马逊拥有零售分析平台，可以呈现产品库存、需求预测、销售情况与其他数据。了解哪些产品在亚马逊畅销有助于决策在其他平台如何打广告。亚马逊还在监测转换节点，精准把握哪些站外广告真正促成亚马逊销售。

虽然亚马逊尚未在 Alexa 生态系统中提供可以购买突出位置的广告产品，但是目前有很多可以在该领域脱颖而出的方式。比如，许多品牌在产品包装与广告中融入 Alexa 语音命令，让消费者了解他们在与该设备进行整合。与此同时，亚马逊通过其 Fire TV 在视频领域取得突破性进展。

八、语音智能即将成为下一个风口

虚拟现实、可穿戴设备与物联网这类技术一直是前沿技术的热点话题，不过它们的应用场景受限于技术水平仍然比较单一。然而随着 2019 年 5G 技术的推出，以及 2020 年的广泛普及，这些技术将交织促进催化，形成井喷式的发展。

当前人工智能的应用越来越广泛，开始在各行各业崭露头角。它结合计算机强大的计算能力在大数据的处理和精准匹配上有着远超人类头脑的表现。基于人工智能的数据跟踪可以对大规模的消费者数据进行分析、跟踪。帮助客户总结归纳消费者的行为习惯和品牌偏好，然后再进行个人定制化的广告营销。

作为AI的一类，语音技术发展也异常迅猛。品牌将大力发展语音营销战略。这是大势所趋不容回避：根据Juniper Research的研究，2020年美国一半以上的家庭将拥有一台智能音箱。不过开发商很难敌得过Alexa的母公司亚马逊，零售商则需要确保能够保护用户隐私。

现阶段，亚太地区在语音技术方面最为活跃，超出1/2的用户在一定程度上使用语言搜索工具。从市场角度来分析，语音搜索业务的增长主要由亚洲重要的市场所驱动，比如印度、中国和印度尼西亚。

语音技术更容易在汽车行业凸显价值，因为"免提"功能对于驾驶途中的人而言极其友好。一些领先的汽车品牌通过创新行动证实了语音整合的潜力。比如，宝马配备亚马逊Alexa语音助手；2019年起，起亚与现代内置虚拟助手。其次，丰田、日产和本田都有搭载汽车助手的愿景。

语音助手可以为人类生活带来极大的便利。如何将其变现是时下最热门的话题之一。

Alexa更多是融入亚马逊生态系统的多样化触点之中，以驱动用户与亚马逊互动或在该平台购物。谷歌助理有助于谷歌从搜索平台转化为对话界面，尤其是亚马逊正在竭力抢占在线广告市场份额。

为力证自身价值，语音助理好似早已摆好姿态准备加入广告或产品推荐中。更何况数据研究公司Toluna发现，拥有智能音箱的消费者

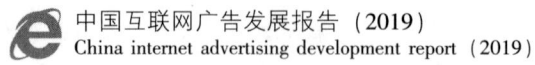

55.5%会搜索产品，44.2%借其完成购买。科技博客网站Search Engine Land指出，2017年美国基于语音的商业销售额达到18亿美元，预计2020年相关数据为400亿美元。

随着智能音箱的进一步普及，精明的营销商开始密切关注语音搜索，同时展开相关测试。虽然他们强调制作有助于推进语音搜索的内容，但还需要联手销售及开发团队以确保旅程的无缝连接。

九、关注Z世代（泛指"95后"）

世纪之交（两千年）是千禧一代与Z世代的大致分界点。最近来自彭博社的研究预测，2019年Z世代人口总数（24.7亿）将近占全球人口总数（77亿）的32%，首次超出千禧一代人口总数（24.3亿）。

Z世代成长起来，他们开始进入职场，并且具备强大的购买力。在多年来关注千禧一代之后，现在是时间转向Z世代了，他们是新兴的消费主力军。2017年埃森哲的一份报告显示，2020年Z世代将占据消费总群体的40%。

我们很难对于这代年轻人做出统一概论，但可以肯定的是，他们追逐真实性，更喜欢具有社会责任感的企业。他们在一个缺乏安全感、经济不景气的年代长大，因此更倾向于选择能让世界变得更美好的企业。

Awesomeness TV统计得出，Z世代群体爱看视频，他们平均每天要看68个视频。去年公关代理Hawk Communications对Z世代展开调研，发现85%以上订阅了奈飞，过半认为奈飞是他们观看流媒体的最佳方式，43%在视频浏览方面，对于奈飞的喜爱胜过有线与广播电视台。营销商应该确定如何在业务推广中运用奈飞模式与该群体互动。此外，YouTube 视频是 Z 世代了解各类话题的窗口。

众所周知，Z 世代至少能在 5 个屏幕中自如切换，比如智能手机、平板电脑、笔记本、台式机、手表、视频游戏机与电视。品牌试图在屏幕切换的过程中拦截该群体绝非易事。

同样来自 Hawk Communications 的调研显示，对于社交内容，朋友与家人（27%）对于 Z 世代的影响最大，其次是社交达人（23%）、行业专家（14%）、知名人士（12%）。Z 世代极具创意，特别信赖周边朋友。品牌应该鼓励他们参与创意互动与分享，这样才能走得更长远。

SnapChat 这类社交平台的风靡盛行及六秒广告的推广，都受益于这一群体的崛起。他们很难长时间观看广告，基本上注意力持续不超过八秒。对于营销商而言，这就意味着你们需要在视频播出前几秒或故事开头就做出引人注目的内容。

在数字客户关系管理代理 Response Media 的一项研究中，不同社交平台在 Z 世代的生活中扮演着不同角色，所以品牌不能针对所有社交平台传递千篇一律的信息。Instagram 一般是他们展现自我理想的渠道，Snapchat 用来传递真实的生活瞬间，推特负责推送新闻。

Z 世代遵循少即是多的原则。他们热爱摄影，喜欢分享设计简单的品牌、包装与产品，它们甚至都无须文字进行说明。这群人还善用表情符号，具有敏锐的洞察力，而且极具个性化色彩。快闪活动很容易满足该群体的社交需求与胃口。

十、GDPR 震动广告行业

过去一年里，Facebook 遭遇多起隐私泄露丑闻与隐私数据危机，在互联网上引起一阵恐慌，公司也因此深陷舆论漩涡。备受关注的企业隐私丑闻以及全新数据条例迫使消费者想要掌握自己的"数字足迹"。企业因此不得不重新评估商业数据收集与处理存在的潜在风险。

移动互联时代，确保数据管理的安全性与透明性显得尤为重要，这样用户的个人信息才能得到应有保护，以防被滥用或泄露。基于这层考虑，欧盟于 2018 年 5 月 25 日正式出台《通用数据保护条例》（GDPR），全面保护欧盟公民的数据安全与隐私。

简言之，这一条例寻求归还欧盟公民自主掌握个人数据的权利。事实上，其影响力绝非限于欧盟，而是波及全球。媒体和市场营销人员纷纷向用户发出隐私条款更新邮件。它已成为数据隐私领域的重要转折点，促使消费者对于在线分享与保留数据持有全新认识。

用户的隐私保护意识变得越来越强。为了与这部分群体建立联系，信任已经成为品牌宣传的基本组成部分。GDPR 动员全球企业对消费者开诚布公，允许他们更多地掌控自己分享的数据。

每一家企业都应该全面确保安全性。即使顾客没有注意，但当涉及隐私、数据和财务细节时，他们应该得到最大的尊重。现在的经济环境中，人们对于黑客、泄密与盗窃行为相当谨慎，如果企业能成功营造安全的商业体验，消费者在使用该品牌时会更加省心。

IBM 最近的一项调研透露：将近 60% 的受访机构把 GDPR 视为一

个可以改进隐私、安全与数据管理的机会，或者是新商业模式的催化剂，不仅仅是一种挑战及必须遵从的行规。

商家应该利用这次机会与目标观众建立信任，打造品牌真实性，以及培养更深层次的用户忠诚度。此外，GDPR 与其他隐私条规迫使企业将注意力集中在数据健康流程的改进之上，最终能促成更精准的定位以及更高质量的互动。

这项法规的实施震动整个广告行业，一些专家谴责它是程序化广告的末日之兆，还有人认为它是规范行业准则与更新陈旧数据的必要一步。GDPR 确实会导致可用数据急剧减少，营销人员因此更难向最佳客户推送广告。不过，这种硬性规定可能会让重新定位与再营销这类战略变得不那么恼人与千篇一律。

2018 年 10 月，英国数据保护执法机构首次发布了针对加拿大数据服务公司 AggregateIQ 的执行通知，要求删除与英国公民相关的所有个人数据，否则要对违规者处以最高刑罚。早在 7 月，加州通过《加州消费者隐私法案》，其中的许多条款与 GDPR 类似，将于 2020 年生效。尽管目前准确判断 GDPR 的具体影响还为时过早，不过鉴于其影响波及广告行业各个层面，2019 年值得密切关注。

第六章

互联网广告市场的展望

第六章 互联网广告市场的展望

一、开篇：互联网广告市场看中国

(一) 中国互联网市场处于全球领先地位

从体量与速度来说，中国互联网广告市场的规模与增速，已位于全球领先地位；从技术创新来说，中国互联网广告技术已经开始驱动广告作业的各个环节升级，广告效率显著提升。

中国互联网广告市场已从过去追随者与学习者的角色，逐渐转变为创新者与引领者的角色，这与中国市场拥有庞大的用户资源、数据资源与快速的算法迭代能力等紧密相关。中国互联网市场的创新玩法不仅满足本土市场上广告主的需求，也试着输出到海外市场，推动当地互联网媒体与广告技术的发展，正在改变与塑造全球互联网广告市场的形态。

(二) 通过内外因素，展望互联网广告市场的未来

本章将从外观环境因素、行业自身因素的内外视角，审视互联网广告市场上正在发生的事件与即将发生的趋势，并展望未来互联网广告在发展路径上的行业共识。

这一思考与展望或许并不明晰，但是作为理想的模糊方向，对其进行描摹与锐化，有助于我们更好地认识互联网广告市场的规律。尼葛洛庞帝曾说过："预测未来的最好方法就是把它创造出来。"我们希望，这些带着对广告行业美好期许的预测能够被创造出来。广告变现

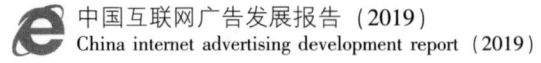

作为互联网最重要的价值出口,本报告从整体互联网的流量格局和市场格局变化,来分析互联网广告业的变迁,而不局限于具体广告业本身。

二、宏观环境推动中国互联网广告市场快速发展

(一)中国经济结构调整,互联网行业是重要推动力

无论全球层面还是中国,都身处快速更迭大潮,技术、经济结构、政治及相关政策要素等的剧烈变化,都会给商业带来重要影响。不过这些因素在中国表现尤为强烈。经济上,中国作为追赶型国家,同时作为近三十年来最成功的经济成功案例,中国速度依靠每个短周期中对急剧变化的快速适应能力以及自我驱动的调整能力。因此,中国市场环境是复杂的,欧美原本二三十年才能完成的商业完整周期,在中国可能只用十年甚至七八年就已经完成。持续性调整,急剧的变化,是中国近四十年经济高速繁荣的显著特点。可是这次,中国面临的复杂和剧烈变迁的局面,不下于四十年前改革开始。

这种背景下,中国互联网作为近二十年最成功的行业,同时作为创新标杆领域,可能正在成为撬动整个中国经济的重要支点之一。身处这样的外部环境,中国互联网不得不做出调整,以应对未来中国经济的需要,以及可能带来的巨大机会和风险。

时间进入到2019年上半年,国内生产总值450933亿元,按可比价格计算,同比增长6.3%。分季度看,一季度同比增长6.4%,二季度增长6.2%。分产业看,第一产业增加值23207亿元,同比增长

3.0%；第二产业增加值 179984 亿元，增长 5.8%；第三产业增加值 247743 亿元，增长 7.0%。中国经济总体处于下行状态。同时，中美贸易摩擦问题会使未来几年贸易顺差逐渐进入快速下滑通道。这种情况下，中国的传统经济结构不得不加快进入调整，缩短过渡期。一方面，新经济结构将成为中国经济二次启动的重要引擎；另一方面，新经济将有力刺激内需，将中国经济推向二次发展的高速通道。中国互联网作为中国新经济引领者，正在成为重要的推动力量。

实体业下滑在中国经济传统结构中的问题越来越突出，实体业转型成为结构调整的重要攻坚对象。在互联网和实体结合的思路下，工业互联网和产业互联网正在成为市场认知的主流。市场共识的形成，带来市场趋势的大方向定位。互联网给了实体业一个跨越式发展的机会，可以和中国经济改革相结合。

产业互联网成为实体经济转型升级的重要引擎。消费互联网为产业互联网打下了市场基础，让用户习惯并接纳正在到来的智慧生活方式，产业互联网时代则将对经济与社会进行全方面的数字化和智能化改造。通过产业互联网，更全面地了解市场、提升效率和产品品质，是中国经济的重要议题，同样已是中国互联网的重要考题。

另一方面，政府正在投入越来越多的政策扶持，试图为互联网和实体业结合发展营造良好的营商环境，总体情况向好。同时，工业的信息化和数字化，作为其中核心部分，工业互联网有利于提升粗放式发展的制造业，工业互联网作为核心平台，互联网作为主要推动者，正在将人工智能和制造业深度结合起来，智能化、智慧化、数字化成为企业和工厂的主要目标。

据中国信息通信研究院测算，2019年，中国工业互联网产业规模将达4800亿元，为国民经济带来近2万亿元的增长。实体业智能转型和中国智造，将是中国互联网扩容的主阵地。通过大数据、算法和AI，结合互联网的线上优势，中国互联网的主航道已在市场共识的基础上驶向新蓝海。

（二）互联网广告市场未来焦点：助力中国品牌出海

在经济快速发展之下，很多中国品牌迅速地成长、成熟，并逐渐走向了海外市场。中国品牌给外国人的印象并非如大多数国人所想的那般落后、廉价、低档次。中国外文局对外传播研究中心与凯度华通明略（MillWard Brown）、Lightspeed GMI合作展开的《中国国家形象全球调查报告》，其中有一部分是关于中国品牌在海外的形象。报告发现，很多中国品牌已经融入当地人的生活之中，很多外国人其实分不清哪些是中国品牌，哪些不是；除了在美国和少数欧洲国家，日本、韩国等几个国家，其他国家的民众都认为中国品牌是特别高科技的。例如前波导研发团队根据非洲人手机使用的需求与情况，研发出来的手机品牌传音，能够实现四卡四待、超长待机、专属肤色自拍、音乐、防汗防摔、防油指纹识别等诸多功能，蝉联非洲大陆手机销量榜第一。很多非洲人甚至不认为它们是外来品牌，觉得应该是本地品牌。

伴随着国内互联网科技的繁荣发展，中国品牌在国内便能体验到多元且不断创新的营销互动方法，甚至可以自由开拓新的营销想象力空间。这些依靠先进的互联网思维模式发展起来的现代企业，出海到海外，只要不受到法规的限制，都会发展得特别快。

由于中国在互联网媒介与科技领域的领先，中国品牌率先体验到传统的经典营销理念"失灵"带来的营销挫败感，例如，在如今的营销环境中，过去消费者行为学中，至少50%的理论是行不通的，而品牌又没有更新的理论可以学习借鉴，于是只能硬着头皮边做边总结，试图总结一套在新时代下行之有效的营销方法论。很多品牌正在做这样的事情，例如瑞幸咖啡的CMO归纳了自己的营销方法论——流量池，其中涉及了许多方法论、理念、工具应用、运营方法的知识，该理论从流量的简单买卖思维跳转到如何去运营流量资产的问题。又如原生广告虽然是由美国提出来的理念，但中国引进之后，在中国反而获得了比在美国更大的发展空间。除此之外，许多产业模式与盈利模式也是中国企业创新的产物。阿里巴巴电商平台并不是靠赚差价来盈利，而是利用数据运营广告联盟获取收益。这都是中国企业在互联网时代下推动的模式创新与理论创新，这些模式与理论滋养了中国品牌的成长与成熟。

在全球市场，中国品牌正变得越来越重要，地位也越来越高。Google和Facebook的年报显示，中国已经是他们的第二大客户来源市场。Google曾联手中国企业发布中国企业出海报告，Facebook也花费了大量精力服务来自中国市场的品牌客户。中国品牌与外国互联网媒体的合作，也间接促进了国内互联网媒体模式的输出。类似于Google与Facebook的高科技公司会适应中国品牌的传播需求而调整媒体的格局与运营模式。针对近期Facebook的社交服务转型，有人评论，Facebook改得越来越像国内的微信。相对来说，中国互联网广告技术地位比较领先，互联网媒体也有着丰富的实践经验。被国内互联网媒体所服务的品牌主，早已习惯了各种创新形态的广告尝试，但是这些形态在海外尚不成熟，甚至尚未研发。于是，这些见过世面的广告主通过"提要求"的方式，将经验复刻给了国外媒体，推动国外互联网媒体与国内互联网媒体的趋同发展。

中国品牌出海，带去的不仅是成熟的科技、产品与服务，还有一系列的运营模式、媒体模式与营销方法论等隐性的理念。这些理念会改造当地的媒体及相关机构，推动当地媒体广告运营水平的提升。倘若当地媒体未能及时衍生相应的服务，国内的媒体便会在海外复刻成功的模式。例如抖音海外版tictok便在海外市场深受用户欢迎。一些咨询公司与数据监测公司也将国内互联网广告监测的先进技术与标准输出海外，帮助海外市场快速建构起成熟的监测体系。

（三）中美贸易摩擦，中国品牌出海的市场选择迁移

总体看，中国互联网出海是市场的被迫要求。一方面，是国内人口红利见顶，另一方面，是资源和用户向市场头部越来越集中，加上中国互联网在全球层面拥有一定优势，使得中国互联网进军海外成为产业发展的必然趋势。

2018年，中国互联网企业出海在舆论层面变得越来越主流。这里有华为、小米、抖音、UC、OPPO等成功先例在前，其次，阿里、腾讯等巨头的海外战略投资同样受到瞩目。因此，越来越多的行业、企业、机构和个人开始试图从本土市场走出去。比如印度，中国互联网企业和资本大量涌入，短短一年，印度的独角兽从七八个涨到18个，甚至直接获得巨头战略投资而迅速成长为独角兽。不过，海外市场需要面临更复杂的市场环境。最值得关注的是，中美贸易摩擦对中国互联网企业出海的影响。美国对中国的技术封锁和贸易强硬要求，使原本商业领域的合作分工走向独立和全产业链发展。这种情况同样发生在互联网领域。比如，华为正在将技术策略从原本的合作与融合，走向独立自主。

中美经贸摩擦对国内相关企业的影响，实体业影响大于互联网。可对中国经济的战略影响有两方面，一是欧美发达市场和发展中国家的市场到底如何选择的问题。中兴和华为的问题，使中国互联网对切入欧美发达市场抱有忧虑，投资意向减弱。中兴和华为事件带来的影响是，中国互联网企业向发展中国家市场进行投入的意愿和投资规模倾向性增强同样是可以预期的。同时，欧美国家在高精尖技术领域的优势、技术交流的阻断，对中国互联网企业试图引领的中国智造可能会有影响。技术层面各自走向独立发展，导致技术标准走向分叉逐渐被市场认知。这种悲观情绪，要求中国互联网提高印度、非洲等次发达地区市场的战略层级。

（四）竞争：中国是全球互联网产业挑战者，局部领域已领先世界

中美经济的竞争是长久的，贸易是表象，最终决定于实体和科技。中美互联网产业都比较繁荣，两国优势很不同。美国互联网是对全球网络关键资源和尖端技术的控制，中国凭借国内市场规模和市场潜力，应用落地较强。从华为事件开始，中美开始进入经济科技竞争阶段。世界61家千亿美元公司，大企业是中美竞争重点，科技公司竞争是焦点。美国依靠大型公司占据基础技术到前沿技术各个高点，技术优势没有有力的挑战者，技术是美国互联网产业的市场高度。世界500强企业中，美国微软、苹果动态型地占据科技公司第一、第二。前100名中，鸿海精密位列第23，AT&T 位列第25，谷歌母公司 Alphabet 位列第37，Verizon位列第43，中国移动第56，SK Holdings第73，戴尔第84，德国电信第90，软银位列第98。硬件设备生产上，思科（Cisco）公司长期占据路由器、交换机等核心网络设备领域的高点；芯片方面，英特尔（Intel）地位不可撼动；移动通信技术上，高通（Qualcomm）的CDMA技术风靡世界；操作系统领域的微软（Microsoft）公司、智能手机领域的苹果（Apple）公司及搜索引擎领域的谷歌（Google）公司等均在各自领域拥有着显著优势。云计算、大数据、虚拟现实、物联网技术等新技术也在美国快速发展，领先于世界。

中国庞大的用户规模为中国互联网产业的发展提供了发展空间。但截止到2018年12月，随着中国互联网巨头增长天花板的到来，开始大量进入国际市场，与美国科技公司形成一定程度竞争。现阶段，在国际市场上，无论苹果、微软、亚马逊还是facebook，美国都作为寡头领导者角色存在，中国更多还是互联网市场的挑战者。美国通过对基础资源和核心技术的控制，形成了完整的产业链，以及相对完整的产业部类，控制着全球产业链条。中国的互联网企业从应用层和客户层着手，在美国控制的全球产业链中寻找缝隙或突围。不过，中国新兴互联网公司开始在全球展示不小的竞争力。由前沿科技带动，涉及移动通信、人工智能等核心技术领域。全球身处新科技革命和产业革命前期，各国纷纷布局，经过几十年发展，中国互联网在个别领域已达到世界领先地位。比如，中国互联网技术应用和5G技术目前处于世界最高点，给美企带来压力。

三、互联网广告产业部的自我驱动：技术力、小微经济

(一) 广告技术进一步人性化，物联网世界技术对消费者了解更深

技术人性化是2018—2019年的前沿热点领域。从互联网产品角度看，更多指向"用户体验"。宽泛来看，技术人性化需要符合人的行为和认知惯例。从科学角度看，指向人的同理心和同情心。技术发展，这三个方面都被频繁提及。技术能解决许多人类正面临的重要问题，可仅仅靠技术不能解决全部问题。技术同样也会成为问题本身。从技术本身来看，技术的人性化发展，依赖于对人的理解，大数据、算法和AI提供了这种可能性。技术越理解人，那么所做出的反馈就更接近人的需求和舒适度。从这方面看，技术人性化发展符合互联网本身的产业趋势。

随着5G、AI、云计算和传感器的小型化和多接口化，物联网正在成为互联网的延伸和触手，万物互联不但能实现技术对人和社会的全面了解，反过来同样可以规范技术的道德和人性航道。物联网利用通信技术把传感器、控制器、机器、人和物连接成网，形成人与物、物与物相联通。物联网是基于互联网的泛网络。通过有线和无线网络与互联网融合，将物体的信息即时、准确地传递到中央处理系统和末端执行系统。应该说，技术的人性化发展，是基于对人的足够了解的基础上构成的。物联网及围绕万物互联相关技术的成熟，为这种发展提供了可能性。现阶段，物联网定义是通过射频识别（RFID）、红外感应器、全球定位系统、激光扫描器等信息传感设备，按约定的协议，

把任何物品与互联网相连接，进行信息交换和通信，以实现对物品的智能化识别、定位、跟踪、监控和管理的一种网络。

物联网的布局，国内巨头布局较早。百度2015年发布百度IoT，与ARM、MTK、TI、科通芯城等联合推动物联网发展。阿里巴巴于2016年发布物联网整体战略，集合旗下阿里云、阿里智能、YunOS，联合打造面向物联网时代的服务平台；2014年还联合庆科发布物联网操作系统MICO。腾讯于2014年推出"QQ物联智能硬件开放平台"，将QQ账号体系及关联、QQ消息通道等核心能力提供给可穿戴设备、智能家居、智能车载、传统硬件等领域合作伙伴，实现用户与设备及设备与设备之间的互联互通互动。中国移动成立物联网公司、车联网公司，搭建物联网专网、提供专号、建设物联网设备接入管理平台和物联网应用开发平台，大力推动物联网业务发展。

（二）互联网带来小微机构效应，成为商业重要力量

社交时代的个性化和碎片化，造就了当下规模化红人群落，从媒介趋势看，这种局面还将持续繁荣。根据卡思数据联合火星文化、新榜研究院共同发布的《2019短视频内容营销趋势白皮书》数据，目前，短视频平台KOL规模已超过20万个，短视频KOL营销市场规模即将突破10亿。对商业来说，红人构成的私域流量，和主流商业的融合正在走向结合，阿里、腾讯、百度、京东、字节跳动、快手等巨头或小巨头，都与红人有深入战略关系或关系到企业生命线的合作关系。

中国的红人市场角色不同于欧美红人之处是，欧美红人仅是产业的一环，Ins、YouTube对红人往往拥有更强势的地位，红人不具备主导商业走向的能力。可在中国，红人在产业中占据着越来越重要的角

色,正在深刻地改变中国商业版图。基于红人效应成长的小微机构,比如张大奕、黎贝卡等个人品牌,比如基于红人效应成长的中小社交新品牌,呈现出越来越繁荣的局面。

对睛阿里,红人可能意味着下沉市场,是新流量和新增长的重要来源之一。比如,淘宝直播在整个阿里系中的角色正在变得具有战略性。对于腾讯,基于小程序、公号、搜一搜、朋友圈等功能,红人、KOL 成为腾讯内容繁荣、社群电商繁荣的重要基础。对百度、字节跳动、快手、微博来说,无论是基于红人、KOL 的信息流广告,还是建造在红人基石上的电商、直播、打赏,都可能关系到企业的生命力。

在中国市场上,红人的重要性不言而喻。即便在流量红利见顶的情况下,中国网红人的粉丝规模已逆势增长到 5.88 亿人。根据微博提供的数据,54% 的"95 后"都想当网红。个性化、碎片化的社交时代,红人的私域流量造就的小微机构,变成一股不可忽视的商业力量,是小微经济繁荣的核心节点。国家经济层面,小微经济在国民经济构成中占据非常重要的位置。成长于互联网的新兴小微经济,可能既是实体经济中的重要组成部分,也是当下互联网最重要的短期趋势。

四、互联网广告市场发展路径的共识

(一)广告角色转变:从信息告知转变为直接创造价值

长久以来,广告总是被视为媒介体验中的干扰项。它的存在让用户无法流畅地体验媒介的各种服务与应用,令人生厌。于是,广告拦截与会员付费都成为用户躲避广告"袭击"的手段。可以预测的是,在未来，干扰属性强的广告，其生存空间将会逐渐被压缩，并最终走向衰退与灭绝。

到底有没有更好的广告，它可以与用户更和谐地共处，而不是粗暴地打断？有没有更好的广告，它像一种隐形的服务，当你需要的时候，它会贴心地上前，当你不需要的时候，它会知趣地退后？到底有没有更好的广告，它可以帮助品牌更有效地销售，而不是简单地制造热点？有没有更好的广告，它打通了营销的经脉，产品中有它，价格中有它，促销中有它，销售中有它？

虽然这只是一种理想，但却是值得努力的方向。在技术的加持下，我们正一步一步地接近这一目标。我们相信，这种理念下的广告将会成为未来所有品牌与消费者的对话方式。全知全能的广告会上天入地，更好地链接品牌与消费者，让双方因为广告的存在而收获更佳的体验。消费者可以在广告的帮助下，更高效地做出更符合自己心意的购买决策，获得更佳的购物体验。品牌主可以在广告的帮助下，扣上认知场与购买场的闭环，提升营销效率。

（二）互联网广告市场范畴将覆盖全媒介：所有媒体数字化成为趋势

尽管过去我们一直在强调"内容为王"，用户媒介消费的本质是对内容的消费，好的内容才是媒体制胜的法宝。然而，人们关于"好内容"的品位不同，需求也不同。"汝之砒霜，彼之蜜糖"的现象在媒介内容品味上，比比皆是。对于专业人士来说的"好内容"，对非专业人士或入门级人士来说，并不一定是好的。好的内容在某种程度上是一个假命题。无所谓"好"的内容，只有对特定用户来说有用的内容。因此，好不好是用户说了算，而每个人都有每个人的判断标准。

技术要做的是帮助人找到合适的内容，帮助内容投送到最需要它的受众。

网络结构中，节点的重要性并不是由节点的属性所决定的，而是由节点所链接的数量决定的。如果说，内容优势是媒介节点所拥有的属性优势，那么，技术优势便是媒介节点所拥有的网络优势。由此可见，内容与技术同等重要，协同作用方能起效。传统媒体唯有通过数字化、网络化的转型，方能在网络空间中争取自己的生存权。被互联网时代所淘汰的媒体一定是在网络空间中缺少接入（流量）的媒体。

传统媒体的数字化与网络化，不仅关系到这些媒体的用户运营，而且关系到这些媒体的广告运营。否则，推动互联网广告市场飞速发展与成熟的广告技术难以应用于这些媒体身上。如今，我们看到许多传统媒体，如电视与户外媒体都开始数字化、网络化，借助数据与算法提升运营的效率。与此同时，更多的媒介通过数字化、网络化接入到网络之中，对于我们未来跨媒体的监测与投放来说，对于整个市场来说，也会带来巨大的影响。

（三）互联网广告媒体和内容的泛视频化

一方面，4G大规模商用，5G正在来临，带宽成本降低对流量资费门槛的拉低，使更耗流量的视频得以高速成长。另一方面，大数据、算法和AI的下沉，为视频带来更具效率的传播，当技术逐渐准备完善，随着用户体验的不断提高，使得视频逐渐成为像文字、图片一样的基础媒介。研究表明，一分钟视频效果相当于1800万个文字，面对信息大爆炸的万物互联局面，至少现阶段，没有比"视频"这种形式更适合的媒介来承载当下的信息流通。媒体和表达媒介视频化，给媒体业态带来重大变化。一方面是垂直内容受到市场普遍重视，另一方面是技术对视频带来的新功能，比如互动剧、竖屏剧等，成为市场追逐的热点。加上 AI 在应用层面不断发力，以及产业层面长久以来在大数据和算法上的成熟商业，带来了媒体的智能化发展。

2019 年 6 月，普华永道发布《2019—2023 娱乐及媒体行业展望》显示，中国娱乐及媒体行业收入在未来五年将以 5.6% 的复合年增长率发展，收入将增加 1036 亿美元，至 2023 年达到 4347 亿美元，继续成为全球第二大市场。同时，数字化发展势头持续，2018 年数字收入已占行业总收入的 70% 以上，预计 2023 年将达 75.4%，高于全球的 61.6%。纵观各细分市场，普华永道认为，虚拟现实和 OTT 视频未来五年将分别以 35.9% 和 20.5% 的复合年增长率继续领跑。

5G 即将带来的高网速，会刺激内容视频化、垂直化、富媒体化，这些会成为媒体和内容业的蓝海。比如，2018 年，Netflix 推出互动电影《黑镜：潘达斯奈基》。该电影中，观众可以在某些情节替主人公做出选择，进而决定剧情走向。互动视频的出现，除了用户端需求，同样是新技术下沉带来的结果。